LA REVUE DES LETTRES MODERNES

PAUL VALÉRY 4

le pouvoir de l'esprit

textes réunis

par

Huguette LAURENTI

D1396347

LETTRES MODERNES

MINARD

73, rue du Cardinal-Lemoine — 75005 PARIS

1983

SIGLES ET ABRÉVIATIONS

Dans les références des textes cités, la pagination (entre parenthèses) et les sigles renvoient à la répartition des œuvres telle que l'a procurée Jean HYTIER dans la « Bibliothèque de la Pléiade » :

I	*Œuvres*. I (Paris, Gallimard, 1957)	[Œ, I]
II	*Œuvres*. II (Paris, Gallimard, 1960)	[Œ, II]

SIGLES ET ABRÉVIATIONS PROPRES À CETTE LIVRAISON

Corr. VG   VALÉRY (Paul) et André GIDE, *Correspondance (1890-1942)* (Paris, Gallimard, 1955).

Corr. VF   VALÉRY (Paul) et Gustave FOURMENT, *Correspondance (1887-1933)* (Paris, Gallimard, 1957).

*JP*ms, I, II, III Dossier (relié en 3 volumes) des manuscrits, brouillons et notes de *La Jeune Parque*, conservé au Département des Manuscrits de la Bibliothèque Nationale (les chiffres arabes renvoient aux feuillets).

JP2   Paul VALÉRY, *La Jeune Parque*, présentation et étude critique par Octave NADAL (Paris, Le Club du Meilleur Livre, 1957) (les chiffres entre crochets renvoient à la pagination des fac-similés).

*VJ*ms   Dossier des vers de jeunesse (années 1897-1900) conservé au Département des Manuscrits de la Bibliothèque Nationale.

À l'intérieur d'un même paragraphe, les séries continues de références à un même texte sont allégées du sigle commun initial et réduites à la seule pagination ; par ailleurs les références consécutives à une même page ne sont pas répétées à l'intérieur de ce paragraphe.

Toute citation formellement textuelle (avec sa référence) se présente soit hors texte, en petit caractère romain, soit dans le corps du texte en *italique* entre guillemets, les soulignés du texte d'origine étant rendus par l'alternance romain/*italique* ; mais seuls les mots en PETITES CAPITALES y sont soulignés par l'auteur de l'étude. Le signe * devant une séquence citée atteste l'écart typographique (*italiques* isolées du contexte non cité, PETITES CAPITALES propres au texte cité, interférences possibles avec des sigles de l'étude) ou donne une redistribution * |entre deux barres verticales| d'une forme de texte non avérée, soit à l'état typographique (calligrammes, rébus, montage, découpage, dialogues de films, émissions radiophoniques...), soit à l'état manuscrit (forme en attente, alternative, options non résolues...).

ISBN : 2-256-90161-0

Eɴ présentant le troisième volume de cette Série *Paul Valéry*, consacré au « Système », nous annoncions celui-ci, dont la matière était déjà réunie et qui lui est intimement lié. Il était tout naturel que l'étude du « Système » débouchât sur d'autres thèmes adjacents, ce qui s'est produit en effet. Celui du « pouvoir de l'esprit » est à ce titre essentiel, et son exploration fait toucher du doigt à la fois les motivations et la difficulté des recherches qui ont occupé Valéry, sa vie durant, sur le problème du fonctionnement de l'esprit. Les quelques articles que nous présentons ici sont issus, comme ceux des précédentes livraisons, d'un séminaire de recherche organisé à Montpellier par le Centre d'Études Valéryennes de l'Université Paul Valéry. Ils ne prétendent nullement à une étude exhaustive de cette immense question, mais peuvent, nous le croyons du moins, donner une idée de son importance et apporter des points de vue intéressants pour l'orientation des recherches futures.

« Que peut un homme ? », demande Monsieur Teste. La célèbre formule reprend l'interrogation ambitieuse que se lançait à lui-même comme un défi, en 1892, un jeune homme de vingt ans scandalisé par la découverte de son Moi divisé en proie à la souffrance la plus irrationnelle, et auquel il rêvait déjà de trouver un point d'unité, pour asseoir sa défense et maîtriser les dangers de l'accidentel.

Que peut un homme ? n'a cessé de se demander l'auteur des notes du petit matin. Et l'œuvre de création — poème, dialogue, théâtre, essai — répercute indéfiniment la question.

La répétition qu'en fait M. Teste révèle l'ambiguïté du ton : parole active, et non question vague de philosophe. Et il est bien vrai que, selon les textes ou les pages des *Cahiers* — selon le moment ou l'éclairage —, l'interrogation peut exprimer une espèce d'exaltation de l'esprit à l'heure du réveil pur, ou révéler la lassitude devant une sempiternelle reprise des données du problème, un sens de la limite qui pousse à la remise en question de toutes les relations par lesquelles se définit le pouvoir — ou le non-pouvoir — de l'esprit, et que cela peut même glisser jusqu'au tragique ou à la dérision.

Ces deux attitudes, loin de s'exclure, se complètent. L'une et l'autre témoignent du désir violent de porter au triomphe l'intellect institué en idole, de croire à ce pouvoir de l'esprit que les forces de la vie tendent toujours à circonscrire. C'est moins un acte de foi que la conscience d'une nécessité et l'espoir mis une fois pour toutes dans le possible. Le ferment d'exaltation est dans ce mouvement de la volonté tendant à l'acquisition d'une liberté toujours à reconquérir au prix d'un dressage de soi et d'une mise en condition des rapports avec « l'Autrui ». Comme base de départ, rien d'autre que cette analyse méthodique et jamais achevée du fonctionnement de l'esprit et de ses relations avec le corps et avec le monde, éprouvée tout à la fois comme thérapeutique et cheminement vers la connaissance.

Après une approche du « Système », ce complément d'étude nous a donc paru indispensable. L'attitude de Valéry face au problème du pouvoir de l'esprit, celle qu'il prête aux maîtres dont il s'inspire et qu'il remodèle à sa façon — Descartes, Léonard, Wagner — ou aux figures de sa propre création, de Teste au Solitaire, est en relation directe avec l'ambition de construire un « Système » ou, du moins, d'en appréhender la possibilité. Elle commande la méthode — rigueur de l'analyse, élaboration d'un système d'investigation inspiré des modèles scientifiques —, elle en explique aussi les élans et les retombées, et cette sorte de fuite en avant vers le rêve d'un absolu d'une qualité unique, concrétisé dans l'image du diamant.

Sans ce sentiment premier du pouvoir *possible* de l'esprit,

5

comment expliquer Teste et l'extraordinaire entreprise d' « Agathe » ? Et qu'importe qu'une phrase de Poe ait peut-être suggéré la formule initiale ? Sans doute, l'époque et ceux que fréquentait Valéry par ses lectures, et les espoirs que pouvait, au temps de ses premières années de réflexion, mettre une jeune intelligence dans les découvertes d'hommes de science qui savaient aussi penser, tout cela tisse un contexte qui n'est pas à négliger. Pourtant, si les notes des *Cahiers* (et l'œuvre publiée en donna d'abord à des lecteurs non avertis un écho dont ils ne pouvaient alors mesurer l'importance), si les textes mêmes de *La Soirée avec Monsieur Teste*, des *Variétés* ou de « " Mon Faust " » provoquent chez le lecteur d'aujourd'hui un effet d'excitation tout à fait unique, c'est qu'on y touche une expérience, au sens complet du terme, qui fut unique elle aussi : l'expérience d'un Moi qui se soucie plus de faire que de dire, et cela jusque dans le travail de l'écriture ; d'un esprit qui tend à pousser son activité jusqu'aux limites du possible, et l'exercice de la conscience jusqu'au point où la confrontation spéculaire confine à l'autodestruction. La relation réciproque que pose, au début de l'œuvre valéryenne, l'étrange couple de Teste et de son narrateur fasciné annonce cet autre jeu de doubles, submergé, celui-ci, par toute l'amertume des défaites, mais toujours renaissant, constitué par Faust et le Solitaire.

Il était normal que se reconstitue, autour d'un pareil thème, l'équipe pluridisciplinaire qui avait travaillé un an plus tôt à l'étude du « Système ». La philosophie et les sciences s'y trouvent également concernées. L'exaltation de l'intellect, l'ambition de lui donner plein pouvoir — mais pouvoir tout construit de contraintes et de refus — exige le traitement impitoyable de tout idéalisme reçu, substitue au langage courant des philosophes la formule mathématique ou l'énoncé d'une loi, à la tradition morale une éthique de la volonté et de l'orgueil. Une certaine coloration nietzschéenne de la pensée de Valéry a depuis longtemps été constatée, et Simon Lantiéri tente ici de déterminer l'originalité propre de la réflexion valéryenne.

6

Par ailleurs, s'intéressant à ce qu'il peut y avoir de militaire dans ce dressage de soi-même qui s'inscrit dans les *Cahiers* sous le sigle de « Gladiator » (on songe au pas militaire de Teste), Sergio Villani montre l'importance du « césarisme » chez Valéry.

Et le poète, et l'écrivain créateur, qu'en est-il ici ? C'est encore une semblable exigence qui conduit Valéry à un éloge et à une pratique affirmée du « faire », que l'on retrouve conjointement dans l'exercice poétique et dans les analyses des *Cahiers*. À travers ces deux formes si différentes du « dire » (la poésie et les « notules » à l'état brut), Daniel Moutote découvre cette priorité donnée par Valéry à la sémiotique sur la sémantique, qui est l'un des aspects les plus modernes de sa démarche. Une parole en acte, acquérant par là tout son pouvoir et affirmant par le moyen du chant l'action de l'esprit sur l'ordre même du monde, c'est l'Orphée valéryen enfanté sous le signe de Wagner et dont l'image se démultiplie en diverses figures. Nous avons détaché, pour les présenter ici, celles qui dans l'ordre dramatique nous ont paru les plus caractéristiques.

Pourtant, rien n'est plus ancré dans la vie que cette hantise du pouvoir de l'esprit : la vie de l'esprit lui-même, les fluctuations, les risques, les ambiguïtés de son fonctionnement ; la vie du corps, à laquelle il est inexorablement lié ; la vie des choses et des autres, et ce temps dans lequel il faut bien, bon gré mal gré, exister. À travers la thématique bien valéryenne de « la gêne d'être », Ned Bastet montre l'effort de la conscience pour explorer ces arcanes dont la puissance sournoise échappe à tous les refus — celles où gît ce que Valéry appelle « mon essentiel » —, et pour se soumettre, faute de pouvoir y échapper, la difficulté d'être. Dans un autre éclairage, Nicole Celeyrette-Pietri cerne, à travers le combat de l'esprit et de « l'idée fixe », les conditions du pouvoir de l'esprit sur son Moi.

Reste à situer l'entreprise valéryenne dans son univers temporel. Judith Robinson fait apparaître sa relation avec la pensée scientifique de son époque et le caractère prémonitoire de bien des réflexions, souvent désabusées, concernant la place et le pouvoir de l'esprit dans la civilisation moderne. Car la pensée de Valéry, si avide, dans ces analyses, d'isoler le Moi jusqu'à l'extrême limite de son essence, répugne pourtant à le couper du contexte d'une époque, d'un moment de la « civilisation » dont les contraintes lui sont au moins aussi sensibles que les acquisitions bénéfiques. Les essais de *Variété* consacrés à ces problèmes — « La Crise de l'esprit », « Propos sur l'intelligence », « Le Bilan de l'intelligence » — disent assez que le projet valéryen d'une « politique de l'esprit » s'assortit d'une remarquable lucidité.

Nous n'avons pu ajouter à cela deux communications également présentées au séminaire : celle d'Yvon Belaval, qui a fait l'objet d'une autre publication, et celle d'Arnold Kaufmann, qui prit, pour traiter des relations de la pensée de Valéry avec les plus récentes découvertes de la mathématique et de l'informatique, la forme plus directe d'un entretien avec l'assemblée. Cependant, la Table ronde, animée par Michel Décaudin, et dont nous avons tenu, au risque de quelques redites, à transcrire la plus grande partie, reprend et prolonge leurs propos.

Nous voudrions que ce dialogue ouvert, par la diversité des analyses critiques qu'il propose, et par ce va-et-vient désormais possible entre l'œuvre elle-même et les *Cahiers*, fasse entrer le lecteur dans cette problématique valéryenne, si complexe sous la rigueur de la démarche, si foisonnante dans ses orientations, et que sous-tend l' « inhumaine » ambition d'élever par l'esprit un monument à la gloire de l'esprit.

Huguette LAURENTI

VALÉRY ET LA GÊNE D'ÊTRE

par Ned BASTET

> « *Cependant, dans tous les cas possibles, être,*
> *vous l'avouerez, demeure étrange.* [...] *Cela*
> *est même gênant.* »   (Œ, II, 60)

N'EST-CE POINT, encore qu'indirectement, éclairer l'entreprise
valéryenne du « Système » et rejoindre sa source la mieux
cachée que de tenter de retrouver, en deçà des pouvoirs que
l'esprit croit se découvrir ou dont il entreprend de se doter,
cette sorte de basse continue que la conscience ne cesse d'entendre au milieu même de ses activités les plus volontaires,
les plus décisives, pur sentiment de l'exister et qui émerge
aux moments vraiment nus ?

Encore ne s'agit-il ici que de restituer le discours évident
que cette conscience se tient à elle-même pour s'expliquer
ce « *refus indéfini d'être quoi que ce soit* » (Œ, I, 1225) qui lui
paraît sous-tendre, pour les relativer, le champ entier de ses
actes, y compris (ou même surtout) de ses actes intellectuels.

On pourrait sans doute se mettre à l'écoute d'un autre discours,
moins articulé celui-là — que poursuit à sa façon la part nocturne
de la conscience, cette force, sans nom et sans visage, du Désir,
que Valéry n'ignore point. « *Et tandis que l'on croit en pleine*
lumière se mouvoir de chose en chose et ne bouger que dans ce qui
est, on erre d'autre part et en même temps, comme à tâtons, dans
une nuit véritable où il y a de tels gouffres. Ma substance n'est

9

pas dans le monde clair et mon essentiel m'ignore comme je l'ignore. Il n'y a rien de commun entre nous. » (*C*, IV, 652).

Mais j'ai choisi de n'envisager ici que ce qu'une conscience se dit en clair à elle-même pour se définir ce que l'on peut bien appeler son « essence » et la formule irréductible de son mode à elle d'exister.

*

« [...] *Seigneur, j'étais dans le néant, infiniment nul et tranquille. J'ai été dérangé de cet état pour être jeté dans le carnaval étrange... et fus par vos soins doué de tout ce qu'il faut pour pâtir, jouir, comprendre et me tromper ; mais ces dons inégaux.* » (*MT* ; II, 37). Telle est la prière de Monsieur Teste — la prière du matin. Ce n'est qu'apparence d'artifice si, pour déchiffrer l'essentiel d'un destin, on se prend à considérer d'abord ces moments privilégiés où elle se saisit elle-même le plus nuement, « entre soi et soi », parole et perception pareillement prises à leur source.

Or il n'est pas de moment plus valéryen que le premier matin, heure ambiguë entre la nuit qui se retire et le jour qui n'est pas, heure familière à quelqu'un qui s'éveille entre trois et cinq heures, et où, comme la Jeune Parque, le Moi se déclare, en proie tout à la fois à une interrogation et à une singulière tristesse. Chaque matin idéalement répète cette naissance absolue où l'on va devoir se situer vis-à-vis du monde et de soi-même, donner à l'existence encore neutre sa couleur et son accent. Il est l'Aventure et, d'abord, l'irruption hors de l'arche, protégée par sa faiblesse même, du Sommeil :

Animal profondément oublié : tiède et tranquille masse
mystérieusement isolée ;
ARCHE close de vie, qui transportes vers ce jour qui vient
mon histoire et mes chances,
tu m'ignores, tu me conserves ; tu es ma permanence unique
et inexplicable. [...]

10

[...]
Au travers de ce masque abandonné, tu exhales le murmure
d'une vie tout égale, à soi-même bornée.
J'écoute le petit bruit de mon existence, et ma stupidité est devant
moi...   (Œ, II, 461-2) [1]

Point de départ absolu, moment silencieux de l'être, Valéry
choisit d'y lire l'état d' « égalité » complète, d'auto-suffisance
fermée que la psychanalyse freudienne a appelé l' « homéostasie »,
en deçà des pulsions qui vont en rompre l'homogénéité tranquille et que l'instinct de mort visera obscurément à retrouver.
« *Grand Soleil, qui sonnes l'éveil | À l'être* [...] » (Œ, I, 139).
Chaque éveil est d'abord ce sursaut d'énergie pure par lequel
l'être se manifeste sans savoir encore ce qu'il est — sinon existence qui se projette vers les choses dont il se distingue mal et
qui semblent elles aussi s'apparaître à elles-mêmes et se faire
exister pour la première fois : « *Il n'est pas de phénomène plus
excitant pour moi que le réveil. Rien ne tend à donner une idée
plus extraordinaire de...* tout, *que cette autogenèse.* [...] Ce qui
est — *et ceci n'est que choc, stupeur, contraste* » (C, XXVIII,
625) — ce qui est ou ce qui va être du moins, car, comme
l'Éryximaque de « L'Âme et la danse », Valéry « *n'aime rien
tant que ce qui va se produire* » (Œ, II, 159) — temps bref qui
précède pour les choses leur reconnaissance — et où se prononce
d'abord « *l'ahurissement devant ces objets et taches, sans noms
encore* » (C, XXIII, 417). Mais celui qui regarde n'a pas davantage d'existence définie : il est « table rase », « personne ». « *Tout
ce qui me nomme, me qualifie, me construit — dort encore. Il
n'y a pas d'autre... et donc pas de Moi* » ou, du moins, un Moi
assez « *simple* » pour « *ressentir, traiter également toutes choses* »
car il est avant toutes choses, « *avant l'inégalité acquise et apprise,
* [...] *non engagé, non partie mais juge pur* » (XXI, 108). Instant
du simple « Possible », « *aussi sensible que le vide d'une page
blanche* » ou qu'une plaque photographique « régénérée » sur
laquelle « *quoi que ce soit qui se produise* [...], *sera comme tiré
au sort* » (XXIX, 197). Cet état de disponibilité paraît même
à ce point privé de centre que les premiers phénomènes psycho-

logiques semblent « *uniquement livrés à leurs développements propres, à leurs propriétés pures, à leur scintillation également distribuée* » (XVII, 767), pareille à « *la scintillation de la mer sous le soleil* » (XII, 207).

Sitôt que commence à s'organiser le rapport entre ces termes et que s'affirme le Moi, son mouvement premier est de s'élancer vers les choses « *à l'extrême du désir* » (Œ, I, 112). Le monde apparaît univers désirable qui appelle à lui l'énergie de l'Éros, la « soif » et l'émerveillement. Plus qu'une curiosité : un instinct de prédation.

> Il est des instants (vers l'aube) où « mon esprit » [...] se sent cet appétit essentiel et universel qui l'oppose au Tout comme un tigre à un troupeau ; mais aussi une sorte de malaise : celui de ne savoir à quoi s'en prendre — et quelle proie *particulière* saisir et attaquer. Chacune lui paraît devoir diminuer, s'il s'y attache, la sensation divine de son groupe de puissances éveillées, — et tout le jour qui va suivre, une incarnation et réduction de cette illusion de Pouvoir que [s]on sens intime place au-dessus de tout. (*C*, XVII, 318)

C'est que le regard valéryen aspire à une étendue où il puisse jouer en tout sens et se saisir non point occupé par l'arbitraire de telle ou telle présence mais par l'uniforme, la générale puissance de voir, de sorte que, quand il « *n'est pas gêné dans sa liberté et qu'il s'arrête de soi-même sur quelque objet qui le fascine, il croit le voir dans une sorte d'espace où, de présent et d'entièrement, cet objet retourne au possible* » (*C*, I, 1333). Il perd alors son évidence et voit bientôt son être menacé.

À l'émerveillement initial que quelque chose soit, proie offerte à l'esprit, succède brusquement, du fait même de la multiplicité, un sentiment tout autre qu'il désigne comme le « *regard étrange* » (*C, passim*) et qui rend tout « *étranger* ». Rien n'est plus fondamental en lui que la brutale aperception de l'arbitraire de ce qui est. Nulle nécessité n'impose à l'esprit et aux sens ce qu'ils captent dans un sentiment croissant d'étonnement et la découverte que « *le fond de [s]on être est étranger à toutes choses* » (IX, 232) : choses perçues comme signes mais fortuits, si arbitraires que l'on peut à tout instant s'attendre à ce qu'ils s'effacent aussi facilement, aussi gratuitement qu'ils sont apparus, « *comme les écritures à la craie sur le tableau noir par rapport à la main qui tient la craie* » (XVII, 226). Sans doute en viendra-t-il à cultiver systématiquement ce don de percevoir toute chose comme surprise, de « *s'étonner à chaque instant* » mais, au départ, il subit dans une sorte de malaise l'irruption en lui de la non-reconnaissance, comme si toute présence n'était à la vérité qu' « *une gêne, une* usurpation de l'espace » (VI, 771), un « *rideau de théâtre — rideau qui, s'il se levait, ne découvrirait que rien* » (XX, 851).

Au mouvement initial par où la conscience allait vers les choses fait place maintenant un réflexe de « recul » et de mise à distance. Entre elles et le moi qui les regarde, toute communication naturelle est coupée : « *Sideros. J'arrive de la lune où, bien qu'homme, je suis né... Je suis parfois réduit à une inquiétude logée au milieu d'immenses moyens. Je dis bien : une inquiétude. Il ne reste de Moi que cette abstraction.* » (*C*, VIII, 30). Chaque terme de la relation s'isole, se creuse et se dérobe dans une interrogation infinie, la présence se pulvérise, l'*être-là* se fait vertige ou fuit de toutes parts : « *Tout à coup — tout se fait étrange — questions — arrêts* — Un soupir. Le soupir d'être *là... Je suis là. Là ? suis ? Je ? —* » (XIV, 717), gémit la conscience soumise aux « exactions des questions » et qui sent chanceler autour d'elle, en elle, tout support ontologique.

De fait, si, s'infléchissant sur lui-même, ce regard se prend à considérer celui qui l'exerce, l'étonnement redouble. Spontanément s'institue la même distance entre ce moi que l'on est, du moins qui se fait voir, et cet autre qui se sent « *appareil enregistreur pur* » (*C*, X, 633) et réduit le premier à n'être qu'une « *partie* », aussi arbitraire que le reste. Narcisse, s'il se contemple, ce n'est point pour s'admirer mais pour s'étonner de cette image que lui renvoie le miroir. Comment se reconnaîtrait-il dans une figure particulière, lui qui s'éprouve comme le pouvoir d'en susciter ou concevoir une infinité d'autres ? « *Pour moi,* [dit-il] *il y a Tout d'un côté et même Moi en tant que je le connais — et de l'autre, ce qui se réduit à s'écarter de ce Tout — comme*

on ferme un livre qu'on a feuilleté entre une infinité d'autres...
Je l'ouvre au hasard et je trouve qui je suis et l'époque et le reste.
À l'état possible et c'est tout. » (*C*, XXIV, 242). Jamais chez
Valéry de cette familiarité que l'on entretient d'ordinaire avec
son Moi ou, du moins, le seul Moi où il consente à se saisir n'est
que la plus générale et la plus vide des formes, même si subsiste
ce ressort d'énergie psychique par lequel il ne cesse, vis-à-vis
de tout ce qui traverse son espace, de dire : « Je ne suis pas cela ».

Les catégories les plus abstraites apparaissent trop limitatives
encore (« *être homme est déjà une diminution d'être — tout court* » ;
C, XXII, 251), mais surtout arbitraires, condition incompré-
hensible et que l'on n'a pas choisie. Obstinément, la conscience
cherche à rejoindre un fondement par lequel elle se serait
elle-même instaurée et justifiée — en vain. « *Je ne comprends
que ce que j'invente ; et il y a bien des choses que je n'eusse pas
inventées ; parmi elles, l'*homo...» (VII, 754) [2].

Si la condition la plus générale se ressent comme arbitraire,
à plus forte raison cette forme particulière qui fait de vous un
individu doté d'un certain nombre de déterminations, de « qualités » qui sont autant, pour Valéry, de définitions négatives,
d'asymétries, dessinant la figure accidentelle à quoi l'on se
réduit.

Il y a en moi un étranger à toutes choses humaines, toujours prêt
à ne rien comprendre à ce qu'il voit et à tout regarder comme particularité, curiosité, formation locale et arbitraire ; et qu'il s'agisse de ma
nation, de ma langue, de ma vie, de ma pensée, de mon physique, de
mon histoire, il n'est rien que je ne trouve cent fois par jour accidentel, fragmentaire, extrait d'une infinité de possibles — comme un
échantillon...   (*C*, XXIII, 572)

En sorte que demeure, sous-jacent à chaque instant vécu, le
sentiment qu'il s'agit là d'un « *rôle* » de théâtre « *que je fusse
obligé à jouer et qui m'eût été imposé par un hasard* » (*C*, XXIV,
132), d'où se dégage un autre Moi qui « *ne voit aucune nécessité
dans toute cette vie nécessaire qu'on lui fait vivre et qui le fait
vivre* ». Étrange déhiscence intérieure où une conscience trans-
lucide et vide ne s'apparaît que dans le mouvement de recul,

14

le « ré-acte » par lequel elle met perpétuellement à distance quoi que ce soit qui la traverse et momentanément la manifeste. Ce refus est le plus général qui soit : non seulement il frappe d'inexistence et renvoie au néant d'où elle émerge à peine la série des actes et des jours que la mémoire conserve (et celle de Valéry est la plus insoucieuse qui soit, la plus prompte à se débarrasser de ce qui la charge), l'ensemble des « événements » petits et grands (mais pour ce regard les plus grands semblent eux-mêmes anecdotiques) — mais toute espèce d'insertion dans le temps ou dans l'espace, le corps qui donne forme à l'être que je suis, l'ensemble fortuit des goûts et dégoûts qui font ma sensibilité, des vertus, des manques, des particularités qui constituent mon caractère — mais jusqu'à ces pensées que je forme (et pourrais selon un certain changement d'axe former différemment) : il n'est rien qu'il ne ressente comme arbitraire et qu'un certain point, un observatoire, surplombant sa durée, ne restitue à la précarité d'une émergence de hasards, à la fragilité d'une présence de surface, à la proche disparition dans le néant du passé. Peu d'esprits auront vécu à ce point la contingence radicale de leur être, à la limite, son néant : « *Si je cherchais ma définition, je trouverais que je ne suis Rien. — Je me regarde, me circonscris, me souviens, me prévois, me reconnais, me déteste ou m'aime. [...] Mais enfin une fois cette figure et ce système arrêtés, je ne puis jamais les tenir pour moi. Quoi que ce soit n'est pas moi.* » (V, 791).

Ainsi dans l'homme qui s'éveille, durant un temps très bref, avant le souvenir, surgit la pureté de ce Moi qui n'a pas encore « *répondu qu'il était* » ce qu'il fut *et* ce qu'il va être, *à la sommation de sa présence* » (*C*, XV, 645) et de la même façon que la conscience peut imaginer ce qu'elle a devant elle faire place à toute autre chose dans l'espace du possible, il lui est permis d'attendre que s'élève de son « implexe » un autre Moi. Même au sein de la temporalité, lorsqu'elle se reconstitue et ramène la « personne », s'ouvre le vide de ces « *étranges réveils* » (VII, 777) où « *tout apparaît d'une [...] extranéité infinie* », limitations abusives d'une « étendue » toujours plus large : « *L'art suprême* [dira-t-il] *est d'être, quoique connaissant et voyant les limites de soi, plus étendu que ceux qui ne sentent pas les leurs* » (XIV, 319), trahissant son impatience devant ce qui risque d'enfermer l'être dans le cerne d'une figure « asymétrique » au lieu de la restituer à l'espace qui est son milieu et à la mobilité qui lui sert de refuge.

Impatience — mais plus encore, à la limite, dégoût, humiliation, « effroi » — celui que ressentirait un esprit pur condamné à s'enclore dans l'opacité d'une condition qu'il ne comprendrait pas, drame de l'incarnation d'une intelligence séparée : « *Un esprit allait voir cesser son état ; il devait tomber de l'éternité dans le Temps. " Tu vas vivre ". C'était mourir pour lui, quel effroi ! Descendre dans le temps.* » (*C*, XIV, 77).

Ce n'est point l'étonnement seul qui saisit l'esprit devant ce qui est : c'est le sentiment insupportable de s'éprouver à chaque instant restreint, opprimé, agressé par l'ensemble des contingences du dedans et du dehors, par toutes les figures de l'être. Ce qui vous entoure vous presse et vous cerne : il vous refuse votre espace et contraint votre mouvement : « *Être une courbe* » [3], écrit curieusement Valéry. L'altérité, fondamentalement ressentie, de toutes choses, leur densité réfractaire à la conscience apparaissant comme une menace toujours latente et qui imprime l'inquiétude, la « gêne » à celui qui ne supporterait qu'un être qu'il eût fondé et qu'il gouvernerait entièrement. Oppression des choses et des « événements » — dont on déprécie d'autant la valeur que l'on sent qu'ils vous échappent —, présence intolérable de l'Autrui, ressenti tout à la fois comme conscience qui vous regarde et objet infiniment distinct. Comment souffrir de s'imaginer passivement offert à un regard étranger qui vous traiterait comme vous traitez tous ces autres, sous ce regard « *qui veut les rendre tous inutiles, moins lui, puisqu'il les " comprend ", les absorbe ou résume — les surpasse et annule* » (*C*, XXVI, 288). À plus forte raison si ce rapport avec autrui n'est pas de simple observation mais engage les forces et les vulnérabilités du Moi. Tout rapport de conscience à conscience devient alors « *combat de dragons* » où « *la conscience de l'un veut dévorer, relativer celle de l'autre* » (XIX, 597), et contraint le Moi à se retrancher, à rompre le contact, à raffermir ses mécanismes de défense dont le plus radical est de refuser à autrui cette dignité de conscience égale et active pour le réduire à l'état d'objet : « *Ma tendance serait* [dira-t-il] *de négliger ces autres ou de les voir comme des choses ou des bêtes curieuses qui suivent leurs lignes de vie* » (XXI, 161) et dont il faut, par devoir d'état, préserver la sienne. À la limite, pour désencombrer ses alentours, le Moi se réfugie dans le sentiment de l'Unicité, l'orgueil d'être seul de son espèce, assuré qu' « *il y a contradiction à dire que l'on conçoit un autre* Moi » (XV, 586) et refluant tout entier sur son espace intérieur.

C'est pour y retrouver aussitôt des limitations et des contraintes. Toutes ces particularités auxquelles il a d'abord « assisté » comme à autant de délimitations arbitraires, il les éprouve maintenant comme de blessantes restrictions de soi. « *Quelle honte — être ce qu'on est, le savoir — chercher à avoir une personnalité* » (C, VII, 298). « *Rien de plus humiliant que de se sentir tout à coup... être de son temps — de son pays, d'avoir un berceau, un nom, un passé — quelque avenir* » (XXVI, 355). « *Il me dégoûte d'être lié à ce personnage que je suis* » (XVII, 160). « *Cette chose odieuse : notre personne, cette personne, cette limite, ce nez, cet âge, ce nom, ces besoins* ». Rarement homme aura éprouvé plus amèrement tout ce qui constitue la figure de son être, ressenti comme « *écart et diminution qu'il faut racheter* » ce qui se perçoit d'ordinaire comme contenu positif et saveur de l'individualité. Tout est restriction, empêchement, absurdes frontières : ce que je puis comprendre ou ne pas comprendre, faire ou ne pas faire — l'irréversibilité du temps où je suis inséré avec « *le regret, l'espoir — ces ordures, ces excréments qui souillent le bel instant, l'équidistant instant* » (XXVI, 355) et le poids des habitudes contingentes qui grèvent ma liberté, les inégalités et les asymétries de la sensibilité qui a contracté tel pli, telle habitude ou ne peut s'empêcher de réagir comme mécaniquement à ce qui la sollicite, la toute-puissance irrationnelle de l'émotion qui s'impose à moi, de la souffrance qui surgit et contre quoi je ne puis rien : « *Amours, joies, angoisses, tous les sentiments m'épouvantent ou m'ennuient et l'épouvante ne gêne pas l'ennui. Je frémis avec dégoût et la plus grande inquiétude peut se mêler en moi-même à la certitude de sa vanité, de sa sottise — avec la connaissance d'être dupe et prisonnier de mon tout, d'être enchaîné à ce qui souffre, espère, implore, se flagelle à côté de mon fragment pur.* » (IV, 112).

« Recul » indéfini de l'être devant lui-même, devant la définition qui le cerne, l'acte qui l'affirme, le sentiment qui le modèle, Valéry n'en finit pas de se dérober et, plus encore, de se « haïr » : « *Je me hais quand je me reconnais, quand je ressens mon homme, ma propriété ; je ne veux être personne.* » (*C*, V, 134). Et la haine de soi fait éprouver jusqu'à la nausée « *l'absurde de cette aventure fatale, le sourire triste* » (VI, 310) devant le mécanisme de la vie dont « *l'ennui* » et le « *ridicule* » le saisissent tandis que l'empoigne sa capacité de faire souffrir, seule « réalité » de ce jeu fugitif d'apparences.

Le mépris de la contingence du Moi aboutit alors à une négation ontologique universelle ou, du moins, à un refus de l'*être-là*, rétréci aux dimensions d'une prison à vivre dont l'exiguïté est comme renforcée par l'immensité apparente de l'espace du dehors.

Quand l'homme a pris conscience [...] quel coup, quel dégoût, quel accablement, et quels efforts pour rompre un cercle si net ou le voiler du moins de vapeurs ? — Quelle haine pour sa condition [...] Être tombé dans cette trappe, dans ce piège d'étoiles, être fait d'y être, — pour y être — n'être que proie, et merveilleusement construit pour être et non seulement pour être, mais pour tenir horriblement à cette affreuse présence. (*C*, XI, 588)

Ce sentiment du resserrement extrême de sa condition subjugue Valéry à certaines heures et suscite en lui le désir fou d'une échappée ; il faut à n'importe quel prix rompre l'encerclement et retrouver l'espace, son essence et son besoin. « *Furieux, au fond, d'être un homme, d'être pris dans cette affaire d'Être, sans l'avoir voulu* » (*C*, VIII, 379), il se persuade alors que tout est « *permis contre cette combinaison, le Monde, où on l'a entortillé* », que « *tout est permis pour se défendre de la vie* ». Rien n'explique mieux Valéry, au travers de toutes ses démarches, que cette stratégie essentiellement défensive. Aucune vie n'aura été plus systématiquement commandée par cet instinct de protection et de dérobade — fût-ce au besoin par voie offensive — contre ce qu'il sent le menacer mais, derrière toutes les agressions particulières qu'il s'emploie à parer, c'est en réalité à l'agression fondamentale du sentiment de l' « être-dans-le monde » que le Moi essaiera de faire face, à moins qu'il ne la « voile » de « vapeurs » diverses dont la plus constante et la plus efficiente sera l'activité, le besoin de « Faire ».

Le matin, temps de l'étonnement, est aussi ce qui éveille, hors de la nuit de la conscience, une immense lassitude préalable et « *la tristesse énorme d'exister* » (*C*, XV, 271). Au sentiment premier de la préhension heureuse a succédé un réflexe de refus devant le trop plein de l'être, « cette foison » des actes et des événements à subir et à produire, la multiplication et le recommencement de tout, « *l'inutile et le blessant* » (XXIV, 164) de ces manifestations dont chacune ne s'efface que pour faire place à quelque autre, non moins fortuite et qu'il faudra à son tour écarter : « *Vaincre tout ceci ? N'être que tout ceci ? " Tout ceci " est plus sinistre encore que le crâne dans Hamlet. La tête vivante et produisante où grouillent toutes ces bêtes de l'intellect, du cœur et autres lieux ; [...] les sensations du corps qui s'y mêlent, les besoins qui parlent.* » Le sentiment divin de l'instant s'altère pour faire place à la « *peur d'entrer dans le jour* » (VIII, 151), au « *frisson préalable à la mer* » qui suscitent eux-mêmes, au plus noir de la conscience, la proximité des larmes comme si elles seules pouvaient répondre au poids de l'exister mais aussi une énergie brutale qui se resserre, une concentration des ressources de l'esprit armé face à l'opacité, à la pression de l'être multiforme qu'il faut réduire pièce à pièce, faute de pouvoir, d'un seul bloc et d'un coup, l'annuler. Cette surprenante conjonction du sentiment le plus démuni, avec un terrorisme aggressif (mais qui n'est en réalité que de défense), Valéry l'éprouvera comme la plus caractéristique déclaration de son moi. « *Encore chaud des chaleurs du lit* » (XII, 352), il se sent gagner par le froid du matin qui le « *perce* » comme le sentiment même d'exister :

> Le matin est mon séjour [...] Je suis toujours à ce point de la journée à demi percé quant au cœur de je ne sais quel trait qui me ferait venir des larmes sans cause — — à demi fou de lucidité sans objet et d'une froide et implacable « tension de compréhension ». [...] Volonté d'épuiser, de passer à la limite. Il est étrange que cette fureur glacée d'extermination, d'exécution par la rigueur soit liée étroitement en moi avec le sentiment douloureux du cœur serré, de la tendresse à un point infiniment tendre.   (*C*, XII, 352)

Sans doute est-il significatif que l'esprit ait recours pour se défendre aux seules armes de l'esprit, à la « compréhension », en lui donnant sa valeur précisément valéryenne de destruction de ce qui a été compris, intégré à la substance du Moi, repris dans sa transparence — mais le plus révélateur du texte est de montrer comment le sentiment même de la faiblesse et de la vulnérabilité suscite l'énergie de l'acte qui n'est jamais que réponse, et dont l'intensité est proportionnelle à celle de la menace ou de l'agression. Il puise ses armes dans la conscience de son état désarmé, n'aspirant à rien, une fois détruit l'obstacle, qu'à reprendre son cours tranquille et son attitude naturellement ouverte. Mais, devant le « foisonnement » de l'être qui ne cesse de revenir à la charge, la vigilance cherche à se protéger toujours davantage, à affiner ses moyens de défense, à concentrer l'énergie pour la risposte foudroyante qui peut, à tout moment, se révéler nécessaire pour « se dégager ». Sorte de viol physiquement ressenti comme atteinte à sa substance quand la conscience se sent « *saisie au cœur et malheureuse*, [...], *et enragée d'une rage qui est à* [*elle*], la rage d'être quelqu'un *et mordue par* [*s*]*on existence même* [...] » (II, 431). *« [Ê]tre me perce », avoue-t-il ; alors « *Il me semble que je suis une île, ou bien dans un état désespéré, un être qui vit de coups de couteau, une femme comme une tour, entièrement environnée d'ennemis cruels, dont elle tire une force infinie et implacable* [...]. *Et puis, mon cœur se fond,* [...] *et je redeviens faible et charmante pour tout le monde.* » (432).

Face à cette blessure ontologique naît chez Valéry avec la « rage » de celui qui se sent acculé à son dernier retranchement, le besoin de supprimer à tout prix, de « tuer » ce qui l'aggresse ou du moins de tuer en soi ce qui ressent cette agression et nourrit de sa sensibilité l'insupportable pression de l'angoisse ou de la souffrance. « *Déchirer* [écrira-t-il lors d'une crise particulièrement aiguë] *l'adversaire en se détruisant soi-même. On consent de mourir en le tuant. Briser, détruire, pulvériser. Vengeance — Vindicatus = délivré.* » (*C*, VIII, 168). Mais il est évidemment des substituts psychologiques de ce mode d'annulation de l'adversaire par autodestruction — tout ce qui tue dans la conscience la présence intolérable de soi et de l'autre et leur déchirement, ce qui supprime la conscience d'abord et c'est, à la limite, l'évanouissement, cette mort psychologique. « *Il arrive... que, si quelque impression trop forte me veut à tout prix, il faut qu'elle soit vaincue et je la fuis physiquement par évanouissement. Je nous détruis ensemble.* » (IV, 351). Mais c'est aussi ce que réalise à sa façon cette perception singulière du Moi que nous avons d'abord décrite et qui sépare son « *fragment pur* », inaltéré, inaltérable, hors d'atteinte, de tout son Reste abandonné à sa contingence et à sa vulnérabilité. Il suffit d'un Regard qui refuse en bloc toute cette épaisseur de l'être particulier que l'on est, pour ne plus consentir à se reconnaître que dans cette puissance de regard, à rejoindre ce point très haut placé d'où l'on surplombe, comme spectacle extérieur, ce qui s'agite et se débat dans la confusion du Moi ordinaire. Ce qui était d'abord perçu comme une sorte d'évidence — l' « étrangeté » de tout ce qui vous constitue — devient maintenant moyen de défense et de survie, à moins qu'il ne faille inverser les termes et découvrir à la racine de cette dichotomie du Moi le besoin de se réserver un sanctuaire impénétrable. Il ne cesse de se référer à « *cette puissance extrême de négation qui* [*lui*] *est parfois donnée* » (XXIX, 833) et qui, comme « *la fermeture des paupières ou l'extinction de la lampe* » (XI, 692), offusque instantanément ce que la conscience accueillait. Ce peut être au cœur même du déchirement le plus cruel, d'un orage furieux de la sensibilité, que se déclare tout à coup, comme leur brusque interruption ou à côté et en surplomb de ces agitations démentes, ce Moi transparent et neutre qui se dissocie entièrement du reste. « *J'aime follement* [...] *J'étais à l'extrême et je sens tout à coup qu'il y a en moi, tout près, de quoi penser à autre chose.* [...] *Notre propre indifférence nous saisit au milieu même de notre zèle insensé — et nous stupéfie.* » (VII, 757).

Ainsi ne consent-il à habiter vraiment, ou du moins à se reconnaître, que dans l'espace sans contenu d'une conscience où il retrouve la sensation de liberté et de réversibilité qui lui est nécessaire. Ici ne subsiste plus qu'un « *sentiment d'indéfini* » et une « *mobilité qui s'y contemple, s'y possède* » (*C*, VII, 504), pareille à celle de l'oiseau dont l'énergie s'éploie dans l'espace sans entrave : « *L'oiseau, son activité folle me grise.* [...] *J'envie cette mobilité à un point fou* » (V, 631), mobilité qui donne à imaginer « *les plus grandes délices concevables* [...] *les images les plus approchées des propriétés fabuleuses de l' '' esprit ''* » !

Plus se fait forte la pression du temps et la constriction du réel, plus l'esprit semble vouloir s'enfuir au plus loin, gagner un « *Point tel qu'*[*il*] *se sent libre du temps ou en plein temps libre* » (*C*, XXIX, 44), où il ne soit plus enfin que « *l'objet incorruptible qu'*[*il*] *voudrai*[*t*] *être* » (II, 269), réduit à ce Point resserré sur lui-même ou élargi aux dimensions de l'espace (car les deux mouvements ici s'identifient) qui n'offre plus de prise concevable à quelque atteinte que ce soit — où plus rien ne reste à l'esprit que la conscience « *de conserver son universalité, et de la défendre contre les attraits particuliers* » (IX, 447) car c'est là proprement *« sauver son âme »*.

Si le sentiment de l'être se réfugie dans le Moi sans figure, il est évident que, de la vie effectivement vécue, les événements apparaîtront des hasards, des accidents auxquels on assiste plus que l'on n'y participe : d'où ce fatalisme que Valéry a souvent signalé en lui et qui abandonne volontiers à une volonté étrangère des décisions dont au surplus on ne peut prévoir l'avenir. « *Je laisse le sort et les autres faire leur office qui est de me dispenser de vouloir — ce fut la politique de toute ma vie* » (*C*, XXVI, 455) dira-t-il sur le tard. D'où, également, la perception de cette existence comme une « *compagne étrangère* », une « *épouse* » dont on s'accommode mais qui reste distincte de soi ou comme un rôle de théâtre, par d'autres distribué. De ce point aussi, les opinions, les mœurs, les habitudes, les goûts et dégoûts que l'on manifeste paraissent trop contingents, nous l'avons dit, pour n'être pas changeables. Rien de plus naturel qu'au long de son histoire — et dans le moment même aussi bien — la modification du Moi dans tous ses aspects, rien de plus provisoire qu'une opinion et, en un sens, de moins solide qu'une « personne », de plus mobile qu'un sentiment. Certes je pourrais faire l'expérience inverse, celle de l'âpreté de leur résistance au changement mais ce sera alors le corps et l'habitude qui leur prêteront momentanément leur énergie — il n'en restera pas moins qu'à un certain regard, ils apparaîtront des combinaisons fragiles et condamnées fatalement à se modifier : « *Pourquoi j'aime ce que j'aime ? Pourquoi je hais ce que je hais ? Qui n'aurait le désir de renverser la table de ses désirs et de ses dégoûts ? de changer le sens de ses mouvements instinctifs ?* » (V, 213). Il suffit d'attendre pour les voir se transformer insensiblement en sorte qu'une vie plus longue permettrait que l'on « *ai*[*t*] *finalement brûlé tout ce que* [*l'on a*] *adoré, et adoré tout ce que* [*l'on a*] *brûlé* » (*MF* ; II, 288). C'est « *habite*[*r*] *une coquille qui a été moi* » (*C*, X, 421) mais qui ne cesse de modifier sa figure par son perpétuel travail de rejet. L'être garde toujours de quoi s'étonner, des latences se déclarent, inattendues, cependant que « *nous regardons avec stupeur les braises et les cendres d'un feu abandonné* » (*C*, VIII, 252). Il faudrait affecter chaque idée, chaque valeur, d'une date et d'un coefficient de durée.

Et ce n'est point seulement par glissement insensible que l'être change mais aussi par brusques révolutions où, d'un coup, la figure entière bascule :

Et puis... il y a un moment — où tout ce qui est le plus certain — les bases mêmes de l'être vacillent — palpitent — comme — comme un décor de toile qui va s'enlever
comme un voilier qui sent le vent et bouge autour de son ancre.

(*C*, I, 339)

23

Rien d'étonnant d'ailleurs, pour cette conscience en surplomb de l'être fait d'habitudes, que le Moi choisisse, à tel moment et pour telle raison, de se refaire, de se recomposer et de redistribuer ses énergies, en vue d'une figure autre mais qui pourra, elle aussi, un jour changer. Rien de plus naturel qu'une « conversion », un renversement de tendances, l'avènement d'une personne qui ne remplira pas plus le champ entier de la conscience que la précédente et, comme elle, laissera intact (ou même renforcera) l'indépendance du Regard qui se fixe sur elle et qui est, lui, l'inaliénable. Le Même subsistera donc au travers des mutations les plus apparemment complètes et c'est pourquoi il convenait d'abord d'interroger ce point central du Même pour relier l'une à l'autre les diverses étapes de cette instable combinaison. Et la plus évidente de toutes, cette décision de la vingtième année de se consacrer au Système, apparaît alors dans sa vraie lumière : une stratégie nouvelle, et la plus rigoureuse, pour défendre la vulnérabilité du Moi et tenter d'échapper au sentiment infiniment gênant d'être.

NOTES

1. Le texte imprimé porte par erreur : « *Au commencement sera le Soleil* » ; il faut lire : « *le Sommeil* ».
2. Voir aussi : *C*, VII, 460 et XXVI, 661.
3. Texte inédit (notes pour « Orphée »).

L'ESPRIT ET L'IDÉE FIXE

par Nicole CELEYRETTE-PIETRI

> « *Tout ce que l'homme peut faire dans le domaine de la puissance extérieure laisse entièrement intacts et insatisfaits les désirs les plus intenses qu'il puisse éprouver. Par exemple s'éclairer à soi-même.* »
> (*C*, VI, 791)

LA question du pouvoir s'est énoncée un jour « *Que peut un ange ?* » [1]. Il faut pour la poser ainsi s'asseoir à la margelle et devant un reflet. Du spirituel pur, on ne saurait parler qu'en affirmant une doctrine, comme le fait Thomas d'Aquin. Après *Que peut*, Valéry a écrit *un homme*, non *l'esprit*, ni *l'homme* ; c'est-à-dire non pas l'espèce en général, mais un sujet individuel [2], dont le pouvoir même d'interroger et de répondre est mis en cause d'entrée de jeu. Que l'on écoute bien la voix de Monsieur Teste : « *Il toussa. Il se dit :* " *Que peut un homme ?... Que peut un homme !...* " » (*MT* ; II, 23). Il se dit : « *?... — !...* » Tout se joue peut-être entre ces deux pôles qui — inquiétude, enquête, stupeur, soupir révolté ou ultime — esquivent pareillement l'épreuve de la valeur de vérité [3]. Si l'on poursuit, on rencontre l'affirmation socratique de non-savoir, vacillant dans l'ambiguïté du *il/je* et bouclée ici en ouroboros comme le *je mens* du Crétois : « *[Je dis qu']* Il me dit : " *Vous connaissez un homme sachant qu'il ne sait ce qu'il dit !* " » Pour qui se piège dans cette logique, la proposition *un homme peut* X est absurde et vaine l'ambition de définir X. Mais le pouvoir est d'abord une aventure

25

qui se vit, et comme une énergie de refus dirigée contre « *le plus énergique des sentiments [...] celui de l'impuissance* » (*C*, I, 249). Il y eut, un temps, l'espoir d'un *eurêka* : « *J'avais vingt ans, et je croyais à la puissance de la pensée.* » (*V* ; I, 854). Il y aura l'épopée d'un Descartes montrant « *ce que peut un Moi* » (808) quand il oublie de pleurer son Hélène et pourvu qu'il soit armé de la mathématique [4]. Et puis, la conclusion : « *Après tout, j'ai fait ce que j'ai pu.* » (*C*, XXIX, 908 ; *C2*, 388), tenté de connaître mon esprit et mon cœur et accepté enfin que celui-ci triomphe tant du comprendre que de son moteur, le désir qu'on a de la vie. Face à cette simplicité d'une existence, les *Cahiers* symboliquement donnent la formule de l'imprescriptible pouvoir de l'esprit. Il s'énonce : « *je puis toujours ajouter 1* » [5], aussi longtemps que je suis, et pourvu bien sûr que 1 ne soit pas une pierre dont mon bras s'applique à augmenter un tas. Le domaine de la toute-puissance est celui de l'acte sans matière où la colombe spirituelle sillonne alertement le vide comme pour nier, par son mouvement, que quelque part la résistance de l'air existe et permet à l'oiseau de voler. Cela dure, dans le réel, le temps d'une soirée de Teste : quelques quarts d'heure. « *L'homme s'arrête ; et l'esprit file sur sa route singulière vers je ne sais quel point d'où il faut revenir à soi par syllogismes...* » (*V* ; I, 851). La voie du retour est souvent plus brève : « *Tout à coup, il se tut. Il souffrit.* [§] [...] *Il prit sa fiole et but.* » (*MT* ; II, 23). Là se dédouble en *subir* et *faire* le *je puis* d'un homme [6] : je suis un potentiel en charge, je contiens un trésor infini de douleurs virtuelles, et un petit nombre d'actes dont celui de vider le flacon et de faire le mort. « *Dans peu d'instants, je dormirai.* » (24).

commencer par le commencement

Répétée, la question devient celle des « pouvoirs réels » [7], définis comme le talent d'un pianiste l'est par ce que peut sa main. Le congé donné à la conscience est la limite où le *je puis* s'inverse en *je ne puis* ; je ne puis ni soutenir ni combattre, donc je fuis, je ne suis plus. « *Que peut un homme ? Je combats tout, — hors la souffrance de mon corps, au-delà d'une certaine grandeur. C'est là, pourtant, que je devrais commencer. Car, souffrir, c'est donner à quelque chose une attention suprême* [...]... » (*MT* ; II, 25). L'Anthropos-Ego des *Cahiers* qui prolongent ici *Monsieur Teste* a fait un jour un « coup d'État » intime pour instaurer l'empire de la *Consciousness* et une « *double vie mentale* » (*LV* ; I, 1162) liant le thème — *me voyant me voir* — du voir exponentié à celui d'un pouvoir indissociable de sa connaissance. Le leitmotiv, évoquant Edgar Poe, du « " *merveilleux cerveau toujours en éveil* " » (*C*, XXII, 702 ; *CI*, 177) se précise par la figure du « génie muet et inglorieux » cultivant son jardin d'Arnheim. Car Valéry n'a que l'ambition de « *faire son esprit* » (*C*, II, 840) [8], et d'aboutir à un art de penser qui soit la vraie philosophie. « *Mesurer mes pouvoirs dans le silence et me borner à cet exercice secret* » (*C*, XII, 392) est l'intention unique de celui qui n'affina le comprendre qu'en vue de réussir à vivre. S'il analysa la mécanique psychique, c'est avec l'initiale assurance que tout doit s'y ramener, même la douleur du corps. *« Ce ne sont que des " phénomènes mentaux " » (*C*, XXIII, 171) tel est le credo, jamais renié, de 1892. Une sorte de conversion conduit Narcisse-Gladiator à entreprendre le *« système de moi » (*C*, XVIII, 55 ; *CI*, 841) comme on peut décider de faire son salut. Pour lui, il y a un pari à gagner ou perdre en ce monde, menant à la cellule d'une solitude au besoin « portative » où l'on s'astreint sans relâche à « *penser de plus près* » [9]. Confronté au tableau noir ou bien à la page, il y cherche non le progrès de la science ou de la société, mais la représentation de soi. L'exigeante éthique faite de constante discipline et d'*hostinato rigore* peut être un exemple, mais par accident. Il ne s'agit pas de prêcher les autres, mais de se bien convaincre et vaincre, par les gestes répétés chaque jour d'une pratique qui tient à la fois de l'exercice spirituel et de la méthode scientifique. En plusieurs langues, comme une litanie, on dit qu'il faut être

Le César de Soi-même
El César de sí mismo
Il Cesare di se stesso
The Caesar of himself.   (*C*, I, 274 ; *C1*, 323)

Recommencées tel un office quotidien, les analyses tentent aussi
de fonder sur une certitude expérimentale l'acte de foi en
l'esprit délibérément choisi comme point de départ. C'est ce
qui fait l'ambiguïté d'une lutte où l'ennemi a le visage classique
des éternelles passions, « *type amour-orgueil* » (*C*, XVII, 225 ;
C1, 139). Dans l'univers valéryen, on les appelle *bêtise*, déchi-
rante bêtise, mon faible, « *terrible maladie qui brouille l'esprit
et les nerfs* » (*HB* ; II, 433), et dérègle le rythme mental.

Le projet est simple. C'est « *le* désir vaincu » (*C*, I, 358),
« *il piacere di vincere* » (*C*, I, 251 ; *C2*, 388). Restent à définir
les moyens, la source aussi de l'énergie. Du début à la fin,
Gladiator se débattra au piège de l'efficace du vouloir :

Qu'est-ce que je veux ? Et qu'est-ce que *je puis* vouloir ? — Et qu'est-
ce que je puis ?   (1940) (*C*, XXIII, 321)
Le mouvement engendre le nombre, la force engendre le mouvement,
la volonté engendre la force. Quoi engendre la volonté ? Engendrer,
qui ?   (1891) (*Œ*, I, 1609)
Agis comme si tu te voyais agir — — Mais peux-tu ? Peux-tu ?
                                                      (*C*, XVI, 730)

Pour en sortir, il faut supposer le problème résolu ou bien
déplacer la question. Volonté, désir, souffrance, « bêtise »,
« *qu'est-ce* en esprit *que... (telle chose)* — » (*C*, XI, 514). C'est
le point de départ de l'analyse absolue [7] ou de la réduction au
phénomène que Valéry, avant de l'entreprendre, imagina
réalisée. Il a dressé d'abord la figure de l'homme pleinement
maître du « *système de nos pouvoirs* » (*LV* ; I, 1160) : collection
de toutes les facultés humaines poussées à la limite, « *être
théorique* » (*ND* ; I, 1232), il est, fonctionnant, « *le pouvoir de
l'esprit* » (*LV* ; I, 1155). C'est un nom, *Léonard*, un symbole,
une légende, donnée au Moi idéal ; par rapport à l'homme
ordinaire, « Hercule », qui a mêmes muscles mais plus gros.
Son don de voir, d'associer et de dissocier, son attention, sa

mémoire, lui permettent d'ôter le rocher où *j*'achoppe, *mes* embarras deviennent *sa* puissance et *mes* désirs des « *choses possédées* » (*ND* ; I, 1232). Si la sphère où il se trouve pris n'est plus dite univers, mais Opéra ou théâtre intérieur, il s'appellera *Teste*, tout-puissant jusqu'à ce qu'il bute sur un grain de douleur immensément grossi. Mais même avec ce correctif, l'autoportrait embelli est la trop simple solution par l'imaginaire. C'est celle de Narcisse quand au miroir il se voit plus beau. Si l'on cherche non l'image-idole mais le squelette, si c'est l'ossature ou la structure qu'il faut modifier, la voie sera celle, abstraite, de l'Arithmetica Universalis, et puis de la « méthode à la Descartes » qui pense régler la machine humaine en la mettant en « équations ». Mater le désir ou le mal n'est plus l'enfouir ou le recouvrir d'un idéal fantôme, c'est le dire, mais dans un langage autre, calculé, cohérent. Si tout se joue dans le mental, parmi des représentations, on doit mesurer le pouvoir d'un homme à celui qu'il a sur les symboles [10] dont se compose le monologue perpétuel orgueilleusement nommé sa *pensée*.

Il s'agit donc non plus d'imaginer, mais de devenir cette « unité de méthode » par laquelle la vie et la définition de l'esprit coïncident. Dès lors, il faut s'installer au « Pays des signes » et dans la « *généralisation pure* » (*C*, XIX, 645). L'hypothèse de travail qui fonde l'effort des *Cahiers*, c'est que la maîtrise de la représentation conduit au « dressage » de l'être réel, ou mieux, est ce dressage même [11]. Sa recherche devient le seul but légitime. Elle est tout à la fois divertissement, exorcisme, et chemin vers des lois abstraites semblables à celles que le physicien établit par exemple en raisonnant sur un solide parfait. Si la science parvient à des recettes qui réussissent, si l'analytique cartésienne permet d'œuvrer là où le géomètre de l'âge de pierre s'égarait parmi la dissemblance des objets, il doit être possible de calculer et régler le fonctionnement du Moi. L'efficacité réelle de la mathématique appliquée donne à la formule ambiguë « savoir c'est pouvoir » le sens d'un *si je sais, alors je peux*. L'espoir est que l'esprit puisse sur sa matière vive autant que l'algébriste sur ses formules [12], en traitant comme une convention initiale cet inéluctable donné qu'est le système humain du sentir/agir. Savoir sera d'abord un savoir regarder non les productions mais la mécanique produisante, non le « significatif » mais le « formel », autrement dit une grammaire et non des énoncés : « *Le plus difficile est de voir ce qui est* [...] *c'est-à-dire de ne pas confondre les mots. Il faut sentir qu'on les arrange comme on veut* [...]. » (*MT* ; II, 62). Mais il faut aussi savoir dire : « *Je suis chez* * MOI, *je parle ma langue* [...]. » (22), c'est-à-dire je détiens le pouvoir d'exactement nommer.

le phénomène association

Le fait primitif est l'incessante succession des états mentaux, la *self-variance*. Bêtise ou génie, idée fixe ou maîtresse se classent avec tout le reste dont on affirme seulement « *toutes choses se substituent* » (*ND* ; I, 1225). Qu'est-ce donc dès lors qu'un homme, sinon le théâtre d'un déroulement de substitutions dont le metteur en scène est tantôt le Moi-Teste qui dit classiquement *je pense*, et tantôt quelque autre œuvrant dans les coulisses et caricaturant les actes de l'esprit ? Que le « Cerveau merveilleux » s'installe comme l'unique « *Producteur de suites* » (*C*, XIX, 271) et il n'y aura plus de bêtise, mais « *ce mode élégant et voluptueux d'être soi-même* » (*V* ; I, 790) par lequel « *[o]n jouit dans l'indépendance de l'âme du plaisir d'exister pour y voir clair* ». Mais le problème à élucider est « *le phénomène* association [...] *le plus obscur de tous* » (*C*, XIX, 268). Valéry cherchera à définir sinon le pourquoi du moins le comment : la nature des liaisons, la complexité et la solidité des connexions. Il découvrira vite les relations de similitude et de contiguïté, nous dirions *métaphore* et *métonymie* [13]. Ce qui fera toujours difficulté n'est pas tant la relation rationnelle qui transforme en A′ une donnée A. C'est, avec sa loi de retour, « l'association irrationnelle », née de l'arbitraire ou du hasard pur qui rapprocha deux éléments. Que peut l'esprit sur un mécanisme qu'il n'a pas délibérément monté ? Pouvoir n'est pas ici simplement voir,

30

mais, mieux que faire, défaire : ne pas subir la faculté de mettre
en relation comme le mollusque sa sécrétion d'hélice nacrée ;
non produire aveuglément, mais combiner en toute clarté.

Il ne serait pas méprisable d'avoir une méthode qui permettrait par
exemple de faire régulièrement ou de défaire à propos d'une idée
quelconque, le maximum d'associations qu'elle entraîne, [...] de savoir
jusqu'où on peut dépouiller de ses associations cette idée sans la
détruire [...] et de connaître réciproquement le mécanisme existant
qui permet d'accrocher toute idée à toute autre suivant 1 ou M
chemins   (*Corr. VF*, 147-8)

Pour « *l'homme de l'esprit* », « *celui qui essaie de toute façon de
commander à ce qui peut sortir de lui* » (*C*, VIII, 541) *pouvoir*
c'est donc d'abord *méthode* [14]. Dans les premiers temps des
Cahiers, la « théorie des opérations » et l' « Arithmetica Universalis » sont les cadres d'une recherche patiente et systématique
qui a cru parvenir à s'ordonner. Elle considérera du même point
de vue formel d'autres activités humaines également éclairantes :
science, langage, stratégie, conduite de l'économie sont exercices
de mise en relation. Tout entier fait d'associations irrationnelles,
le langage a paru un moment détenir leur secret. Avec sa structure
de bi-réflexe à double entrée signe/sens, il reflète peut-être
l'union esprit/sensibilité qui est un caractère important de la
« bêtise ». Si le pouvoir de dissocier et de former des associations
nouvelles est maximisé par le phénomène linguistique, on comprend qu'un article sur la sémantique [15] soit à verser au dossier
de la lutte contre la tyrannie des passions.

Le temps montrera que le sujet du discours conscient ou
bien de la mathématique gouverne mal le « *principe des associations de voisinage ou de retour lié des choses voisines quelles
qu'elles soient* » (*C*, XXIV, 506). Valéry aura du moins éclairé
le fonctionnement d'un élément de la vie mentale, singulier
tant dans sa formation fortuite que dans ses effets énergétiques
et dans le processus irrépressible de sa répétition. Dans l'association irrationnelle du mal intérieur, navrance, manque, angoisse,
ravages sont l'inscription sensible et corporelle de ce que l'intellect nomme par exemple d'autre part basilic, contralto,

disparition, amour. L'odeur odieuse du basilic, le roucoulement de la tourterelle et la « puissance panique » qu'un souvenir aboli leur donne sur un Moi sont les plus simples exemples de l'intime grammaire des relations. « *Ce sont des " valeurs " —, comme des dettes contractées pour toujours par le fait de simples coïncidences : un état de moi, quelque circonstance pénible du moment, l'accident de ces perceptions à ce moment même, et voilà ma sensibilité grevée à jamais d'obligations inutiles, d'origine fortuite.* » (*C*, XXIX, 837 ; *C2*, 387)[16]. Plus complexe parce qu'à double entrée le couple sensation-affect lié au chant de contralto a dès la lointaine enfance désigné d'un symbole qui le recouvre l'inaccessible objet du désir. « *On l'oublie et il n'en reste que le sentiment d'un degré dont la vie ne peut jamais approcher.* » (*C*, IV, 587 ; *C1*, 53). Dans la « thermométrie » d'un homme, il indique le maximum, la limite, vers laquelle tend le pouvoir de faire ou sentir : « *je l'ai pris sans le savoir pour mesure des états et j'ai tendu, toute ma vie, à faire, chercher, penser ce qui eût pu directement restituer en moi, nécessiter de moi — l'état correspondant à ce* chant de hasard *; — la chose réelle, introduite, absolue dont le creux était, depuis l'enfance, préparé par ce chant* — oublié. »

Mais le lieu d'élection de l'association irrationnelle, c'est le monde des sentiments, de l'émotion, du pâtir. Là se montre, hypertrophié, le mystère, la « grandissime question », celle des rapports du mental et du corps, et de l'installation entre eux d'une forme stable de bi-réflexe affectant des régions vitales : ces lieux, toujours les mêmes, où les maux se sont fait leurs habitudes, où « *agit sur le foie, sur les reins, sur les viscères, sur les muscles* » (*C*, VI, 888), le poison/poignard de l'idée. « *Qu'une " idée " blesse, plaise, étreigne, [...] ou qu'une blessure, une douceur, un émoi, malaise inexpliqués se trouvent une idée — [...] Le pouvoir* direct *d'une idée sur mon corps ; le pouvoir* direct *d'une sensation brute sur l'intellect sont reçus comme naturels.* » (*C*, VII, 342). Élucider cette illusion probable d'action directe, retrouver le maillon manquant, ce serait peut-être défaire une chaîne qui a maléfiquement la propriété de n'en plus finir. Car l'idée dite

« fixe » est « omnivalente » [17], le « *contraire de l'amnésie — Tout rappelle A* » (*C*, IV, 352). Elle joint à l'exagération fonctionnelle la facilité de déclenchement qui semble la réalité vécue de la durée. Aux deux extrêmes de l'esprit, lucidité/bêtise, elle vient contrarier le cours naturel, « *tantôt* [...] *fournie, tantôt* subie *par le système dont le* Moi *est le* [phrase inachevée] » (XVI, 331). Scintillation du temps régulière ou périodique, elle installe une feinte permanence qui, astres ou désastres, est une loi de retour. Réfléchir ou pâtir, c'est organiser bon gré mal gré la séquence des phénomènes ; en bref, c'est faire *attention* [18]. « *Notion de ce que peut être la " Volonté " intérieure — n'agit que sur la durée (par quelque détour).* [...] *Rien ne* dure *que par un effort (limité) et* moyennant quelque chose... *sauf ce qui* dure *CONTRE *un effort.* » (323-4 ; *CI*, 836-7).

les armes de la raison

Le vouloir/pouvoir n'a plus guère dès lors d'autre recours que d'opposer ce qui dure *par* à ce qui dure *contre*, pour tenter d'éluder cette « *destruction d'une substance intelligente* » (*C*, VIII, 501 ; *C2*, 449) dont les « *éclats sombres* » croient parfois remplir seuls les *Cahiers*. La plus simple technique est d'endiguer, par l'exercice difficile, le déferlement de la parole à tout dire, de faire taire la discoureuse passion par la pratique de l'algèbre ou de la marche aventureuse, réelle ou métaphorique, parmi les rocs irréguliers [19]. Briser un rythme par un autre, casser le somnambulisme de la bêtise par la variété du travail et du mouvement réfléchis, c'est imposer un vécu temporel différent, en sachant qu'il revient au même d'analyser « *ce que peut un homme ou chaque cellule de durée* » (*C*, I, 281) ; c'est mobiliser, comme le promeneur de « L'Idée fixe », l'instinct primitif de conservation. « *La raison, l'attention prenaient ici leurs avantages naturels. Il importait à mon salut que je fusse obligé d'agir, sans faute, sans retard* [...] ». (*IF* ; II, 199-200). Plus profondément, c'est opérer volontairement non sur l'asso-

33

ciation douloureuse elle-même, mais sur la loi de son apparition à l'esprit. Si, au-delà du principe de contradiction, le « *principe d'incompatibilité* » (1457) affirme qu' « *on ne pense pas à tout à la fois* » (1456), qu'on ne peut, en même temps, calculer des intégrales et composer mentalement une lettre d'amour, non plus que penser de très près pendant une course de fond, il suffit d'intégrer ou courir pour se croire guéri. La loi simple $\varphi + \psi = k$ [20] donne la formule qui doit permettre d'annuler certain mal du corps et de l'âme pourvu qu'on introduise dans le jeu quelque φ ou ψ de valeur extrêmement proche de k.

Pour préciser davantage, les *Cahiers* ont imaginé une thermo-dynamique intime, et cherché quelle loi de Gibbs régit la variance du vivant [21]. Il faut trouver le nombre des « variables indépendantes » pour, en agissant sur elles, déterminer tout le reste : « *Le " travail de l'esprit " consiste seulement et toujours à rendre dépendantes p conditions indépendantes pendant la durée* θ » (*C*, VII, 876). Si donc les variables sont les valeurs C[orps], E[sprit], M[onde], il est permis de faire l'hypothèse qu'une certaine valeur de C et de M fixe avec précision celle de E. C'est l'expérience que, par des méthodes complémentaires, font dans « L'Idée fixe » le *Je* et le *Docteur*. Celui-ci, nanti d'une canne à pêche, d'un attirail de peintre, avec un panier vide et une toile nue sur le chevalet, veut, en se faisant le cerveau sem-blable, stopper le « mal de l'activité » qui lui épuise l'esprit ; celui-là, s'obligeant aux bonds et escalades parmi les obstacles d'un « chaos de pierre » croit rompre « *le cercle des maux imagi-naires* » (*Œ*, II, 199) et les convulsions intérieures qu'une « *angoisse d'origine idéale* » a créées. Il tente de remplacer l'inva-riance d'une production quasi réflexe et « *l'émission automatique* » (274) par « *des exercices d'adaptation spéciale* », la production réfléchie et l'invention incessante d'actes originaux et toujours imprévus. Tout incident cependant, fût-ce la rencontre d'un médecin, est bon pour faire reparaître le tourment, l'idée incar-née et envenimée qui revient *« plus souvent qu'à son tour... »* (206).

Pour comprendre ce déroulement insolite de la vie psychique, il faut peut-être essayer de mimer dans le temps de l'idée claire celui de l'idée fixe. Si la simple relation de substitution et l'enchaînement linéaire caractérisent l'état ordinaire de *« non-attention » (*Œ*, II, 206) [22], la même connexion plus riche, la même contrainte qui restreint le champ de l'esprit s'accommodant à un objet régissent le lancinant retour du mal mental et le travail soutenu de l'attention volontaire. Devenir « *l'homme de l'attention* » (*MT* ; II, 25) comme celui de la *consciousness*, c'est créer l'apparente fixité dans une suite de phénomènes avec l'attitude d' *« objectivité » [23] qui observe la structure de la succession. Valéry ne se proposa pas, avec l' « Arithmetica Universalis », de parvenir à parler désormais en *algèbre* et non plus en *français* ou en *moi*. La « Géométrie du Temps » [24] et la théorie de l'attention furent, comme elle, les lieux des tests effectués sur le pouvoir que détient, sur son fonctionnement propre, « l'esprit » — c'est-à-dire « *ce qui fait ce qu'il faut (plus ou moins coûteusement) pour résoudre la multiplicité incoordonnée* » (*C*, XVI, 311). Si ces tentatives inachevées échouèrent, c'est qu'aussi bien l'esprit ne peut représenter ni la vie ni soi-même. Indéfiniment se dérobe « *l'objet, le terrible objet, devenant plus petit, et encore plus petit* » (*MT* ; II, 25), comme l'*étant et se voyant*, se voyant se voir, et ainsi de suite... Nul terme, sinon dans la position d'absolue transcendance où s'installe le pur Spectateur : à l'infini.

Pour celui qui s'attache moins à l'accroissement des recettes qu'à la théorie d'où elles naissent [25], n'avoir pas trouvé l'exacte formule du vivant est l'échec que signale l'amertume liée jusqu'au bout à l'évocation des « nombres plus subtils ». « $N + S$ [...] [§] *Je ne savais comment exprimer (et ne le sais encore) la relation des données hétérogènes et incomparables et irréductibles qui n[ou]s peuplent les sens et l'esprit* [...] » ([1936] *C*, XIX, 271 ; *CI*, 843). Pourtant, si l'étude de l'obsession douloureuse a révélé sa forme de réflexe à double entrée, sensation/idée, ou Corps/Esprit, le problème, réduit à celui des connexions φ/ψ, se cherchera aussi des solutions non numériques. À plusieurs reprises Valéry a espéré trouver dans l'*analysis situs* [26] le moyen

35

de repousser les bornes du pouvoir de représentation. La connaissance se donne, pour raisonner des modes divers du fonctionnement de l'esprit, des figures topologiques : la sphère et le tore [27], avatar abstrait du redoutable Ouroboros, avec sa devise « *veneno suo alitur* » (*C*, XIV, 610). Les surfaces diversement connexes donnent du moins un support à l'imagination des relations. L'enchaînement simple de la pensée ordinaire, avec sa « *régularité* perceptible » (*LV* ; I, 1162), sa « *continuité évidente de machine* », joue dans l'espace de la sphère de la connaissance où s'inscrivent tous les « phénomènes mentaux ». Elle peut se séparer en deux, se réduire à sa zone ψ, le temps bref d'un spectacle, ou à sa zone φ durant le rêve de la primitive Agathe, fait d'une pure suite de sensations [28]. C'est à elle que se confronte la parfaite conscience qui accomplit « *l'idée* [...] *d'une puissance intellectuelle* » (*ND* ; I, 1225). Mais, sinon dans les cas limites, le corps et l'esprit sont toujours liés par des connexions multiples. L'idée fixe introduit seulement un lien de plus que rien ne pourra rompre. « *Car la douleur morale* [...] *est d'un domaine* [...] *où la connexité est immense* » (*C*, VII, 805). On ne peut pas plus séparer la souffrance et l'idée que séparer en deux la surface d'un tore par une section qui revient au point de départ. Valéry indique clairement dans des notes contiguës, les deux types de connexions. « *" L'univers pensé "* — *instantané est le système qui peut être divisé en deux par un acte de celui qui pense* » (*C*, VII, 861) ; « *Je suis devant moi-même le jouet de liaisons et de rattachements terriblement solides, intimes, créés comme au hasard, et arbitrairement par les circonstances dans un système* — *qui pouvait ne pas les subir.* » (*C*, VII, 861 ; *C2*, 419). L'idée fixe est la négation vécue du pouvoir souvent imaginé de débrayer la pensée de la vie. Celui qui en est possédé voit bien qu'il n'y a nul refuge dans le domaine de la « *connaissance séparée* » (*ND* ; I, 1216) : pas de Tête pensante et coupée, mais indéfiniment « *le malheur* [*qui*] *se mord la queue* » (*C*, VII, 855 ; *C2*, 418). Tore de couleurs [29] ou anneau de fumée offrent leur centre vide pour y installer fictivement le Moi pur. Mais ils demeurent insécables, comme le serpent n'est jamais auto-avalé : figures, entre autres, du degré de connexité d'un homme, qui n'est pas celui tout abstrait de l'intellect ou des systèmes cristallins. Le « cerveau monstrueux » est installé imaginairement au centre du réseau de relations qui fait sa toute-puissance (*LV* ; I, 1154). Mais l'Ego qui disait « *je désire pouvoir* » (*C*, I, 492 ; *C1*, 22) sait seulement rêver à sa topologie intime, à « l'*ordre de connexion de l'esprit ou de l'état* » (*C*, VII, 704) : « [...] *défaire fibre à fibre, fil à fil ce réseau d'une richesse, d'une complication inouïe. D'abord le saisir — — Serait digne d'un grand esprit — mais moi je le conçois seulement.* » (*C*, VII, 867 ; *C2* 420).

les armes de l'art

Il faut explorer toutes les issues, demander à l'art la puissance que les modèles de la science n'ont pas donnée. Comme les mathématiques, l'écriture et la poésie ont un rôle plus complexe que le refoulement ou la sublimation [30]. L'entreprise simple certes est de déconnecter l'idée de l'énergie devenue destructrice qui lui est attachée. Si son étrange pouvoir est de se perpétuer à travers un discours, il faut la dévier dans les voies d'une écriture au langage contraire ou semblable. « [*É*]*crits en état de ravage.* » (*C*, XIII, 59 ; *C2*, 535), « Eupalinos » et « L'Âme et la danse » sont une méditation de l'équilibre, un effort pour s'identifier à l'architecte qui se construit en construisant, ou à la vivante dont la rotation figure le Moi pur délié de tout, au centre de son équirépulsion. « Stratonice » et enfin « '' *Mon Faust* '' » essaieront à l'inverse de mimer la parole du désir, de gouverner le désordre intime en substituant la satisfaction par l'écriture à la jouissance de l'objet ; mieux, de proposer le modèle idéal du renoncement de Séleucus, qui accède à ce comble du pouvoir d'être prince de soi et roi de ses images [31]. L'impossibilité d'achever l'ouvrage résonne finalement comme un aveu d'impuissance.

Plus subtilement, c'est à la poésie, aux réflexions sur la danse, triomphe du rythme dominé, que Valéry demandera parfois le secret du retour obsessionnel de l'idée douloureuse, régulier comme la rime ou la mesure de l'alexandrin [32]. Exorcisme de l'angoisse pendant une guerre, *La Jeune Parque* ne se borna pas à occuper l'esprit ; elle fut aussi étude et maîtrise du va-et-vient son/sens ou mieux Corps/Âme du poème auquel le poète s'identifie à l'occasion. La loi rythmique de l'association omnivalente, approchée au temps de « l'ancienne Agathe » à travers les lois de séries, est maintenant cherchée dans le problème des mètres, ou bien des coups équidistants. Une préoccupation semblable réunit, dans les pages des *Cahiers* de la même époque, les « *Cercles vicieux* » (*C*, VIII, 26) du mal circulaire de la passion, le rythme, « *organisation de coïncidences* » (322) et la répétition, « *loi cyclique de tous les fonctionnements organiques* » (325) faisant passer par un « *fantôme d'organe* » le compte des coups frappés [33]. Faire des vers régis par un ensemble complexe de contraintes fut un exercice du pouvoir/vouloir de l'esprit sur un certain ordre de sensations et d'images-idées. La poésie peut-être connaît « *Les rapports (n + s)* » (XX, 88). L'espoir d'une généralisation à toutes les productions de l'être devait paraître affermi, si « *une bonne définition de la poésie* » (XIV, 554) parvenait à « donner *les conditions* [...] *de restitution d'une cause par l'effet —* » L'effet reproduisant sa cause, c'est le *plus je — plus je* d'un infini en acte qui est esthésique ou esthétique [34] : celui du cycle infernal de la démangeaison [35], de l'aventure passionnelle, comme du « plus j'en ai plus j'en veux » qu'on dit à la Beauté créée ou recréée par l'Ego Poeta. La sublimation valéryenne sera de parvenir à passer de l'un à l'autre et du subir au faire. Au reste, proscrire le significatif et considérer le problème sous son aspect formel revient à se placer dans l'ordre esthétique. Il s'agira de vider de son contenu le « *cycle DR RD* » de la passion (IV, 73). Si l'idée fixe — manque, question, désir non satisfait — est un « *inachevé nerveux* » ou un « *excitant — charge —* » (XVIII, 471), il faudra l'arracher au mécanisme de pure et simple reproduction et utiliser l'énergie qu'elle mobilise pour la production de tous ses développements formels. À la nostalgie du contralto de l'enfance répondit peut-être *La Jeune Parque*, « *phrase longue, et pour contralto* » (Œ, I, 1629).

Ruiner le pouvoir des images mentales — Ce n'est pas s'efforcer de les annuler. Peut-on se passer d'elles ? Non. C'est au contraire, les tenant pour ce qu'elles sont, leur infliger un traitement systématique de précision, de production de leurs symétriques, de leurs groupes de possibles.

Car le mal qu'elles font est dû à ce qui les prive de leur caractère « harmonique » implexe [...] toute production toute mentale est un élément d'un groupe analogue à la gamme qui, révélé, révèle une structure profonde. (*C*, XXVIII, 242)

La poésie et ses règles ont pu être rêvées comme « *art de dressage de la* pensée » (*C*, VIII, 478 ; *C2*, 1099), la littérature put avoir pour but de « *faire le 1º essai qui ait été fait de construction anthropique* » (*C*, VIII, 472). Pas plus que la science, elles ne parviennent à être autre chose qu'un provisoire refuge ou repli ; monter une machine ignorant la dégradation de l'énergie, couper de ses racines charnelles le fonctionnement mental, imposer aux rythmes humains les cadences d'une musique s'avèrent aussi impossible que de se faire intellect pur ou de séparer du Corps l'Âme. Bourreau de soi-même, moteur vivant de la pensée qui le déchire et produit l'énergie qui se déchaîne contre lui, l'homme est le « *musicien de torture* », (*C*, VIII, 469 ; *C2*, 443) le « *compositeur du Mal qui* [...] *avec une sorte d'élégance effrayante la fait renaître de tous les motifs* ». « *Il a le monde entier pour moyen de retour, tous les mots riment pour lui.* » C'est l'occasion de redéfinir le vouloir/pouvoir et son origine : « Vouloir, *c'est* ressentir *l'énergie util*[*isable*] — *mise en jeu par un* " *désir* " — » (*C*, VIII, 467 ; *C2*, 442). Et il faudra aussi nommer l'étrange Protée dissimulé sous le vieux plumage de l'Esprit, tué une bonne fois par la flèche de Robinson (*IF* ; II, 237-8) : « *pseudonyme collectif d'une foule de personnages fort divers* — *qui y trouvent de quoi s'exprimer* [...] *Tels que le Ventre, le Cœur, le Sexe* — *et le Cerveau lui-même* » (*C*, XVI, 593). On peut bien dire dès lors aux tourments de l'âge mûr la formule qui dissolvait les remontrances de l'adolescence : « [...] *ce ne sont que des* associations d'idées [...]. » (*C*, XVII, 224 ; *C1*, 139). Que peut, contre le désir, un Esprit séparé qui n'est sans lui qu'un Perroquet [36] ?

le pouvoir des recettes

« *Verse-moi le poison, ô Thérapeute !* »
(*C*, XV, 374 ; *C2*, 505)

Il reste la ciguë. Il reste, faute de parvenir à « *séparer le temps d'avec l'instant, — diviser le sentiment d'avec le désir — — et le possible de l'impossible* » (*C*, XV, 374 ; *C2*, 505), à détruire ce qu'on ne peut défaire, comme on brûlerait la maison d'où l'on n'a su chasser un rat. Condamné à la « *vie neuro-practo-psychique* » (*C*, XVI, 630), esclave des « *associations psycho-cardio-organiques* », l'homme rêve vainement de la pureté de l'ange ou de l'animal : ainsi celle de l'holothurie « *qui, d'un seul coup, peut se débarrasser de ses viscères, dont elle se reforme un jeu nouveau, tout à loisir* » (*V* ; I, 912). Si nulle chirurgie de la psyché [37] ne coupera des viscères la tête ou la pensée, et ne divisera la réalité à double face de l'angoisse physique et du dérèglement du discours, il n'y a plus que le pouvoir d'achever consciemment le travail d'auto-destruction. « *L'homme ne peut plus supporter de se ravager et torturer soi-même sans agir, sans savoir sortir d'un cycle et d'un infini.* » (*C*, VII, 855 ; *C2*, 418).

Il reste encore, moins drastiques, les secours espérés de la thérapeutique [38]. Si, en changeant son monde, l'humain sans l'avoir voulu, se change parfois lui aussi, il saura quelque jour peut-être dominer les troubles de la physiologie, et agir sur son corps pour transformer son âme. Que l'esprit utilise, pour rétablir l'ordre, la force des connexions qui, le liant à son support de chair, sont le véhicule du désordre, et l'on verra naître une autre philosophie, une autre conception de la vie. La parole de la vésanie ne se fait d'aucune façon cantique ; le corps ne peut être, comme la colonne, le fils des nombres d'or réglé par le calcul ; mais il est l'objet de l'art admirable d'Éryximaque qui connaît Socrate, en tant du moins qu'il s'ignore, mieux que Socrate même [39]. L'homme du vrai pouvoir, celui seul qui importe, c'est-à-dire agit sur douleur et plaisir, ce n'est ni Teste, ni Eupalinos ou Socrate qui croient par l'esprit régner sur leur Moi. C'est le Médecin, armé de la chimie biologique. Au temps des tranquillisants et euphorisants, on ne pose plus comme simple hypothèse qu'une modification connue d'ordre physiologique puisse avoir un corrélatif psychique donné.

L'homme maître du fonctionnement intime et essentiel de son organisme, des développements de ses facultés. Une goutte de ceci et tel problème s'éclaircit. [...] A-t-on jamais délibérément regardé en face *et mis en œuvre cette* pensée : Pensée — connaissance *a un* équivalent physico-chimique. [...] *Le « matérialisme » nouveau — serait une théorie qui prétendrait faire dépendre toute production psychique de causes que des actions humaines, des moyens ou procédés pourraient reproduire et même développer.* (*C*, XX, 24)

Définir désormais la science par cette « *aventure indéfinie* » (*C*, XX, 31) engagée par « *une volonté de transformation de l'homo* », rêver de radiations ou de substances agissant sur la production des idées, c'est, quand on dit « Que peut un homme ? » l'imaginer armé du levier, du marteau qui le rendent plus fort que soi. Car enfin, demande Valéry, même en passant par le détour de la science, « *que veut qui cherche ?* ». Poésie ou biologie, théorie du rythme ou des groupes de transformations ψ, lui semblent chemins vers un comprendre et donc vers un « Pouvoir faire [*qui*] *est le seul moyen de compréhension.* » (XXIII, 784). Moyen aussi de ne plus simplement subir, mais de réagir [40], donc d'être libéré des inextricables liens des associations. « *Dire qu'un homme est libre, c'est dire qu'il peut agir sans que sa sensibilité intervienne ou qu'il peut disposer de son énergie-sensibilité-motivité, indépendamment de l'énergie-sensibilité subie et conformément à quelque conclusion de processus intellectuel pur.* » (33). Est-ce là le chemin de l'espoir ou bien quelque épisode de l'éternel combat des deux magiciens ? Dans une dialectique où chaque fois que l'esprit a cru dompter le mal, celui-ci se métamorphose et se venge, quel peut être l'avenir d'une chimie du bonheur ? Si une civilisation sans cesse plus agressive répare mal les maux par elle engendrés, et les dysfonctionnements neufs de l'agir/sentir, ne ramène-t-elle pas en fin de compte à la figure du « comment faire ? » dans l'incessant ballet de la danse en rond ?

l'être fait pour l'oubli

L'ultime recours paraît rejoindre le lieu commun de la consolation, la foi dans le temps comme guérisseur, le « *cela se passera* » (*C*, VII, 197) où, encore une fois, l'homme ne peut qu'aveuglément subir son mécanisme. Comme si quelque obscur démon trieur avait installé dans l'être son crible ou sa paroi sélective, séparer ce que le hasard a lié, défaire les plus complexes réseaux des connexions psycho-somatiques, peut être l'œuvre non de l'esprit mais de la nature vivante. Le phénomène de *partition* est pour Valéry capital dans le fonctionnement ou l'automatisme de l'esprit [41]. Dissociant les constructions déjà faites, il rend en quelque sorte les molécules mentales libres pour de nouvelles compositions. Il régit le langage, la pensée, l'invention, car on ne crée qu'avec des éléments séparés entrant dans des combinaisons inédites. Cette partition, Valéry a cru au temps de l'originelle idée fixe, pouvoir la soumettre à la volonté par des techniques immédiates et naïves, choisissant pour la mettre en œuvre l'instant de pureté de la messe et de l'élévation. « *Soit Mme de R. Apparence a, b, c. Type a^x, b^x, c^x. [...] Il faut en retirer le mystère, le type, ce qui m'appartient, et lui laisser l'*accompagnement. » (*NŸ* ms). Plus tard, avant que l'Ange s'étonne de s'apparaître dans l'onde nue comme « *une Tristesse en forme d'Homme* » (*Œ*, I, 205) tout étrangère au « *Mouvement de sa Raison* », une ébauche de dialogue exposera le rêve du pouvoir par la partition ;

B. Tu as une idée qui n'est pas triste, et une tristesse sans figure.
A. Comme tu sépares toutes choses !
B. Je divise pour régner et vaincre séparément les ennemis.

(*C*, VII, 793)

Mais l'Ange a beau voir et les pleurs et leur cause, il reste à jamais incapable de dissiper le mal et le visage de douleur. Dans l'étrange mélange qu'est l'homme « *le* corps *commence aux effets du mental que le mental* ne peut annuler » (*C*, VII, 599).

Aussi bien Valéry a-t-il vite cherché un mécanisme de division et de tri dans l'instinct propre de l'esprit luttant contre l'entropie ici nommée passé, poids du déjà vécu. À la force d'inertie de l'association irrationnelle, il découvrira un remède naturel, l'oubli : « *L'homme* oublie. *Ceci est énorme.* » (*C*, VIII, 268 ; *CI*, 1232). Il s'attache à la certitude que le temps abolira ce qu'un moment a fait. Il déchiffre longuement dans le rêve ce processus de partition des souvenirs qui lui semble la loi essentielle et fait du neuf avec du vieux. Dès l'époque de *La Soirée avec Monsieur Teste*, il a pensé que le pouvoir sur soi passe probablement par une mémoire éduquée, devenue « *crible machinal* » (*MT* ; II, 17) et éliminant ce dont demain on ne voudra pas. « *Il s'observe, il manœuvre, il ne veut pas se laisser manœuvrer.* » (14), tel est, « *maître des lois de l'esprit* » (17) l'homme qui n'a même pas besoin de « *la formule d'exorcisation par l'intellect* » (*C*, XXVI, 418) et d'un temps pour dissoudre [43]. Une image, d'emblée, est pour lui comme pour les autres une *image* sans nul verso de douleur. Le pouvoir absolu qui permet de ne rien subir est de détenir l'ensemble des réponses aux demandes extrêmes, de n'avoir pas à « *défai[re] de l'idée fixe* » (*IF* ; II, 205), de raturer le vif pour choisir consciemment ce que l'on retiendra ; en somme de mettre en place un mécanisme non pas de refoulement mais de non-inscription. Teste, monstre impossible, construit ainsi son *implexe* [44] d'associations sélectionnées. Il est, pour l'homme qui « *ten[d] à l'extrême du désir insensé de comprendre* » (*MT* ; II, 11), la figure de la solution trouvée au problème de la bêtise, d'un seul regard saisie et annulée.

Pouvoir, dès lors, devient gouvernement de la *mémoire*. Il est clair qu'on longe depuis le début le terrain freudien [45]. Dissocier idée et douleur, ou représentation et affect, c'est parvenir à l'abréaction d'un événement pathogène. Mais pour Freud il est nocif parce qu'oublié, et doit être verbalisé et ramené au grand jour. Pour Valéry qui préfère la notation symbolique à la parlerie de la bêtise, le but est la pratique de l'oubli méthodique, fondé sur la découverte d'un processus de déconnexion de la sensibilité, ou sur l'utilisation systématique du « principe d'incompatibilité » pour opposer à une association des voies de retour barrées. Là est sans doute l'essentielle divergence dans ces intentions thérapeutiques analogues. Les *Cahiers* en effet montrent clairement que l'Éros est le domaine favori de l'idée fixe et de sa vitalité « vipérine » ; ils donnent en fait à la sexualité une place en théorie déniée. Place énorme, si l'on examine bien des notes dans leur contexte où elles apparaissent sous leur vrai jour, comme abstraction d'une étude du vécu. Un classement thématique eût été une autre combinatoire, masquant ou refoulant complètement cet aspect essentiel [46]. Pour Valéry cependant il n'y a pas là une cause, mais seulement le lieu le plus fréquent d'un fonctionnement aussi bien déclenché par une montre perdue. Reconstituer l'histoire personnelle jusqu'à découvrir au plus loin l'origine des troubles dans les émois enfantins, c'est confondre un mécanisme avec son initiale mise en route ; c'est expliquer l'énergie du pendule par la main oubliée qui a jadis tranché le fil le tenant en suspens. Refusant la trop lente anamnèse, Valéry veut se situer au plus haut degré de généralité et définir des processus dont chaque suite individuelle est une réalisation possible. Son travail est d'un solitaire qui enquête sur le pouvoir du Seul. Il n'a pas besoin de la relation duelle : auprès de Socrate malade, le médecin ne s'attarde pas [47].

misère de l'homme

L'étrange dialogue de textes qui dans les *Cahiers* double constamment le vécu de son spectre abstrait atteste la ténacité, voire l'humilité, dans la pratique de la méthode, malgré les bornes vites reconnues et nommées. C'est d'abord l'intrusion de l'irrationnel — hasard, coïncidence, sensibilité. Il définit l'effrayante loi d'une vie à trois dimensions *bien, mal, rien* [48] : « *on souffre, on jouit par hasard* » (*C*, VI, 192). Tout l'esprit qu'on a ne peut assurer la seule chose qui importe, le bonheur, ou plus simplement la santé de l'âme et du corps [49]. Modernisé, l'antique Fatum sera la limite du pouvoir, celui de la science ou des dieux. « *On peut admettre* [...] *que telle modification à jamais demeurera impossible à toute connaissance possible ; cet obstacle serait la nécessité dernière. Le Fatum.* » (*C*, VII, 753). Le mal métaphysique de l'esprit se nomme restitution du hasard, inscription subie et ineffaçable de la contiguïté. C'est le mystère de la sensibilité, de la dation de valeur, des *évaluations* qui « *nous passent* » (XVI, 552) [50] et attribuent « *des puissances redoutables à des objets et à leurs signes* ». On ne peut qu'imaginer « *une analyse sévère et fine — laquelle délie l'esprit qui lie les choses* » (571) ; si « *tuer en soi l'ennemi... C'est se tuer en partie soi-même* » (*C*, VIII, 427 ; *C2*, 436), oubli ni chirurgie ne supprimeront un élément dans l'ensemble des connexions de l'implexe mental [51]. Il faut la liberté de la nuit pour que « *se défasse la constellation de formes du jour général* » (Œ, II, 1389). Mais la plus exemplaire partition des associations n'exclut pas leur retour « *in integrum* » (*C*, XXIV, 505). Surtout, ce qui se grave à jamais est moins le « significatif », l'objet, que la structure formelle d'une connexion qui est aussi structure d'un destin. Les *Cahiers* montrent à l'évidence que l'idée douloureuse a, quelle qu'elle soit, même inscription corporelle et même mécanisme reproducteur. Les désastres nouveaux retrouvent les chemins frayés : chez celui qu'un médecin nomma un « *hystérique mâle* » (*Corr. VG*, 222) ceux de la névrose d'angoisse, « *pincement du cœur* [...] *resserrement de la gorge qui reviennent comme une idée* » (*C*, VII, 812 ; *C2*, 419). Comme celle de l'art, « *sa " forme " est non moins existante, réelle, solide, et capable d'invention, etc. que son tout —* » (*C*, XVIII, 475).

Plus inéluctablement, le pouvoir de l'esprit sur son Moi se mesure aux ordres de grandeur. L'impuissance se nomme *trop près* ou *trop vite*. Le *je suis*/*je souffre* déjoue souvent le *je suis*/*je puis* [52]. Parfaitement pur sur son « *balcon suspendu* » (*C*, X, 901) l'Ange considère avec son « *objectif grand angle* » (XV, 716) toutes choses à leur juste importance. Jeté dans un corps il n'a plus, à la fontaine, que le regard en larmes de l'Homo condamné à tout voir à son « *échelle H* » (XI, 132) [53]. Le pire ennemi est celui contre lequel la lutte fut très anciennement engagée, le *Réflexe*. Contre lui, contre un acte immédiat, *« pas de pouvoir — nous sommes impuissants à ne pas le faire » (XXIV, 550). Le *je puis* est en somme installé entre *D*[emande] et *R*[éponse], annulé par le temps de réaction trop rapide, qui est aussi la « limite inférieure » du Je.

Si l'on redit encore une fois *Que peut ?* il faut ajouter les axes de l'espace et du temps [54]. Qui détient un « *point de vue de Sirius* » (*C*, XVI, 598), sait manier « *l'art délicat de la durée* » (*MT* ; II, 17) et opposer à l'idée fixe l'idée préfixée, bien choisie, répétée et « *arros*[*ée*] *de nombre* », dispose de la toute-puissance : « [...] *c'est le pouvoir de faire avec un moment et avec soi, un ensemble qui plaise.* » (59). Mais il arrive aussi, quand Teste se met au lit, qu'un pyjama brûlé en un point par un mégot devienne — métaphore, métonymie — l'occasion d'observer les terribles et dérisoires dépenses d'esprit de l'Homo, « *l'oscillation* [...] *selon une sorte de loi périodique résonnante* — dont les effets peuvent croître *AU-DELÀ DE TOUTE LIMITE.* » (*C*, XVI, 598). Comme le chien fuit en hurlant, d'une fuite « *à la fois réflexe et symbolique* » qui « *emporte avec elle le mal* » (XXVII, 809), « *l'homme ne peut rien contre son Moi* » (XXIX, 768), contre ce système de connexions trop riches qui le constitue et n'a pas de « coupe-circuits » ; rien que faire « comme s'il pouvait *s'éloigner de lui-même* » (XXVII, 809) par les vains va-et-vient de l'esprit [55]. Rien enfin que conclure : « *C'est encore un pouvoir que de pouvoir souffrir. Puisque l'on peut le perdre.* » (XXIII, 327).

NOTES

SIGLES COMPLÉMENTAIRES

ND « Note et digression » [*ND* ; *Œ*, I]
*NJ*ms Notes de jeunesse, manuscrits.

*

1. *MF*ms.
2. Nous prenons ce mot au sens où Aristote parle d'une substance première « *homme est affirmé d'un sujet, savoir de l'homme individuel* » (*Organon*, 5) ; « *L'homme est tantôt l'animal armé d'esprit et tantôt l'esprit qui équilibre un animal* — » (*C*, XIX, 267) et l'individu « *un laboratoire naturel où des conditions particulières sont réalisées sur la substance générale* » (IV, 586).
3. Exclamation et interrogation ne sont pas des propositions auxquelles on peut appliquer la question *vrai/faux*.
4. « *Contre tous ces problèmes et ces obstacles, le Moi et à l'appui de ce Moi, telles facultés. L'une d'elles a fait ses preuves* [...] *c'est la mathématique.* » (*V* ; I, 808). Hélène est la fille de Descartes, morte jeune.
5. *Cahiers, passim* ; p. ex. XXI, 296.
6. « *Nous sommes 1° ce que nous pouvons subir de notre nous 2° ce que nous pouvons lui faire subir.* » (*C*, XVI, 324).
7. Cf. *C*, VII, 752 : « [...] *la constitution* [...] *d'une forme à donner à toutes nos connaissances possibles, fondée sur le système de nos pouvoirs réels.* » Cf. mon article : « Une Méthode à la Descartes : le " langage absolu " », pp. 157–76 in *PV3*.
8. « *Cet art est un art de transformer, de distinguer, d'évaluer.* [§] *En un mot de reconnaître et de développer les* pouvoirs. *Il s'agit d'abord de les observer* — *Ici une certaine* vision. » (*C*, XVI, 611 ; *C1*, 365).
9. Cf. *C*, I, 64 et *MT* ; II, 25.
10. Ce qui implique d'une part de ne pas se « *laisser manœuvrer par le langage* » (*C*, XXIII, 221) et d'autre part de rejoindre autant que possible les symboles exacts de la mathématique : « *La meilleure philosophie, à mon sens, est celle qui nous apprendrait à mettre tout problème* en équations — » (*C*, IV, 641 ; *C1*, 505).
11. « *Que voulons-nous* [...] *Que pouvons-nous ?* — *or nous voulons représenter* » (*C*, XIV, 314). « *En somme, le Programme se réduit à ceci : A* — *Représentation* totale. *B. Utilisation de cette représentation et dressage.* Cette représentation exige la recherche des relations entre les éléments les plus hétéroclites » (868).
12. Valéry expose ainsi le projet du « Système », ou « *Réduction à l'absolu* » : « *Les* mots *perdent leur* valeurs cachées *ou* infinies ; [...]. [§] *Les images sont traitées comme* images — *c'est-à-dire en considération des modifications que je puis leur faire subir* librement — *puisque ce sont des états plastiques d'une propriété. Et j'en détache leurs* valeurs *d'impulsion, d'obsession, etc., qui, dans aucun cas, ne leur sont attachées par des liens* fonctionnels [...] » (*C*, XVI, 322 ; *C1*, 835-6).

13. Voir *C*, I, 476.

14. C'est l'idée qui sous-tend « Une conquête méthodique ». Voir I, 976.

15. Article sur *La Sémantique* de Michel Bréal (II, 1448–54 [1898]).

16. « [...] *n[ou]s sommes, dans notre misérable profondeur, faits de ces effets de niaiseries.. [...] qui n'ont aucune valeur réfléchie, mais ont toute puissance cachée — sont, le plus souvent, impossibles à reconnaître, car le souvenir en est aboli cependant que les liaisons irrationnelles qu'ils ont créées demeurent latentes et prêtes à faire ce qu'elles peuvent faire, même sans se déclarer.* » (*C*, XXIX, 838 ; *C2*, 387).

17. Voir *IF* ; II, 206 : « [...] *la probabilité de son retour à la conscience est modifiée... Accrue, — jusqu'à devenir excessive.* » ; 213 : « [...] *cette idée... obsédante, — et non fixe, —* [...] *Est* omnivalente... *S'accroche à tout... Ou : est accrochée par tout...* »

18. C'est-à-dire : « *Fournir de la durée à un regard, sur une chose ou sur une pensée* » (*C*, VIII, 541).

19. Voir *IF* ; II, 197–200.

20. « *Le pouvoir de l'homme se réduit à disposer de la liberté que lui laisse un système de variables.* » (*C*, XIII. 785) (sensation φ + idée ψ = k constante) ; Valéry propose aussi le système C.E.M.

21. Les *Cahiers* essaient de transposer à la psychologie la formule de Gibbs définissant la variance des systèmes physico-chimiques : V[ariance] = C[onstituants indépendants] + 2 — φ [nombre de phases en présence]. Cette « loi des phases » découverte par Gibbs (1839–1903) définit le nombre v de facteurs (volume, température, pression, masse, etc.) dont on peut simultanément imposer la valeur. Cf. *C*, XX, 19 : « ψ = C + p — q » ; 326 : « R = A + p — q ». Traiter la psychologie comme un système physico-chimique est une idée fort ancienne dans la recherche valéryenne : « *Vers 1901–4 — les théories Gibbs — Phases — Équilibres hétérogènes me frappèrent beaucoup — et me servirent d'images pour préciser la notion qui s'imposa à moi dans la crise absurde, 1891/189./ — dans mes efforts pour lutter contre obsession et cette sensibilité insupportable* [...]. » (*C*, XXVII, 64 ; *C1*, 858).

22. « *La pensée ordinaire* [...] *rêve d'un dormeur éveillé* » (*LV* ; I, 1162) est « *substitution spontanée par d'autres éléments parfaitement* quelconques » (*C*, XVIII, 465).

23. « *J'ai essayé de lutter contre la* signification *par l'*objectivité — *c'est-à-dire de réduire l'*énergie de réalité *développée par des faits* imaginaires. *Car les actes qu'elle engendre ne vont pas au but, ne détruisent pas le mal, ne le dispersent pas* [...]. » (*C*, VIII, 797 ; *C2*, 462).

24. Sur la « Géométrie du Temps », voir *Cahiers*, t. I et II, *passim*, et article ur le Temps : *Œ*, II, 1457. Sur l'attention, voir « Mémoire sur l'attention » ms, BN).

25. « *En vérité, je m'intéresse personnellement bien plus à cette partie théorique et variable* [...] *qu'à l'accroissement des recettes et pouvoirs de l'espèce.* » (*IF* ; II, 270).

26. Voir *C*, VII, 704 ; *C1*, 803) : *« An[alysis] Sit[us] [§] *Il y aurait de grandes choses à tirer de l'analysis situs si cette analysis était plus maniable. [§] Par ex[emple] la connexion psychologique* ».

C, XVI, 609 : « *il faudrait constituer une* analysis situs [...] *pour représenter en gros les connexions des systèmes de la vie totale — (autant que nous les puissions imaginer)* ».

27. Moins remarqué que la sphère, le tore est une figure importante dans la représentation valéryenne. Voir *C*, XIV, 370 : « *Système ou groupe des substitutions que représente la* surface *d'un* tore — *et ce qui en subsiste dans les déformations du tore qui conservent sa connexion.* » Voir *C*, XI, 144 ; XVII, 702, tores de serpents ; XIV, 163, tores enlacés.

28. Voir *C*, XVI, 163 : « *Le degré de connexion de l'*univers de la conscience, *change selon que l'on y joint ou non l'*ensemble perçu ou ressenti [...]. *Or je pense que telle topologie est à faire, dans laquelle le* temps *et son rôle connectif figureraient.* | *Marg.* Cf. « *Agathe* »| ».

29. Il est évident que le tore est la figure abstraite de l'anneau ou de l'ouroboros. Valéry évoque en *C*, II, 665, le tore de couleurs qui lui sert à l'étude des relations et sur lequel il reviendra beaucoup plus tard (*C*, XIV, 161 ; *C2*, 804). Cf aussi. « *L'anneau* » (*C*, IV, 646-8 ; *C1*, 55-6).

30. « *Bêtise et Poésie. Il y a des relations subtiles entre ces deux ordres. L'ordre de la bêtise et celui de la poésie.* » (*C*, IX, 324).

31. « *Tu es roi. Commande à tes images* », dit à Séleucus le médecin qui lui démontre que c'est la vérité du pouvoir (« Stratonice », ms BN).

32. Voir *C*, XI, 524 : « *La composition doit s'entendre des liaisons qui sont, par le travail de l'auteur (et non par la seule nature des choses), instituées entre les parties d'un ouvrage* [...] *La rime est un des moyens tout étrangers au sujet et des plus simples qui enchaînent parties à partie.* » *Ibid.*, croquis d'enchaînements de divers types ; 525, tore et nœud de serpents.

33. Voir *C*, VII, 716 : « *Rythme. Système de sensations tel qu'il impose sa répétition.* » ; VIII, 470 : « *il y a des liaisons de recommencement* [...], *des coordinations partielles complètes formant systèmes périodiques* ».

34. Voir *C*, XVII, 461 : « *Idée valorisée — sa puissance —* [...] *Participation de " l'infini esthétique "* [...] *Rien ne peut dans l'instant annuler radicalement une idée excitante. C'est une énergie entre mémoire et sensibilité — Un point capital : c'est quand l'affection est telle que l'effet sensibilité se reproduit moyennant un signe minimum et davantage, quand c'est la* sensation même *qui provoque* l'idée-cause, *et se renforce par elle. Ce genre de sensations* internes *est invincible.* »

35. « *Les images sont soumises aux lois de la démangeaison qui sont exponentielles.* » (*C*, XV, 354).

36. La relation fondamentale est toujours la DR où l'énergie se nomme désir : « *Faire ce qu'on désire — se faire ce qu'on désire — Recevoir de soi* plus *qu'on attendait* [...] *Trouver ce qu'on voulait dire et cela fait espérer que* cela *fera vouloir trouver* cela. » (*C*, XVIII, 626). « *Il s'agit donc d'*imposer *un certain cycle —* » ajoute Valéry ; celui de l'idée fixe *est imposé.*

37. Sous les sigles « Strat[onice] » et « Ér[os] » Valéry évoque parfois une telle chirurgie : « *Si on brûlait un certain point dans le cerveau — ce petit point aboli — —* [...] *Peut-on supposer qu'un* point, *un nœud — une association d'une idée-image avec le système de la sensibilité générale (affections, commandement viscéral — etc.) soit abolie —* » (*C*, XV, 641).

38. Voir *IF* ; II, 245, 249, 256, sur l'importance de la thérapeutique.

39. « Socrate et son médecin » (*M* ; I, 370-1).

49

4

40. Voir *C*, VII, 165, et 789 « Dynamique de — — Pouvoir — vouloir ».

41. Voir *C*, XXIV, 505 : « *Dissociation fonctionnelle* [...] *Comment concevoir cette partition ? Elle s'opère sous voile.* »

42. Cf. *C*, VII, 865.

43. « *Un mouvement peut émouvoir* [§] *Un temps, attendrir et dissoudre* », formule des N + S, qui date de 1892 et que les *Cahiers* reproduisent volontiers (*C*, XXIV, 509).

44. « *J'appelle* Implexe, *l'ensemble de tout ce que quelque circonstance que ce soit peut tirer de* nous. » (*C*, XXIV, 478). Le merveilleux cerveau, la Tête cristalline, est cet ensemble parfaitement connu et maîtrisé.

45. Je ne peux ici qu'évoquer le problème, que j'ai analysé dans ma thèse *Valéry et le Moi* (Paris, Klincksieck, 1979).

46. Prévu par Valéry, c'est le principe du classement thématique qui a été retenu pour l'anthologie publiée sous le titre *Cahiers* dans la « Bibliothèque de la Pléiade ». Ce choix ne représente évidemment qu'une des lectures possibles.

47. Voir *M* ; I, 371.

48. *C*, XX, 23.

49. Bien au contraire, l'acuité de l'intelligence accroît le pouvoir des « terribles résonateurs » de la sensibilité : « *Moi qui me suis appris à penser que je pense, je me suis mêmement astreint à souffrir de souffrir.* » (*C*, IV, 639).

50. Contre le hasard des événements et des évaluations, peu de réponse à la question : « *Mais comment pouvons-nous gagner du terrain par la pensée ? Nous essayons de prolonger une situation mentale* dirigée » (*C*, XVI, 571) ; « *La " concentration mentale "* [...] *est un* traitement *par la " profondeur " — à la fois dirigé contre le hasard, et provocateur de chances.* » (635).

51. Voir *C*, XV, 641 ; XVIII, 558 ; VIII, 13.

52. « *Je souffre donc je suis* » (*C*, XVIII, 343 ; *C2*, 377). *« Je suis, je puis » (*C*, XXIII, 205).

53. Il faut faire intervenir, à côté de l'échelle H (cf. *C*, XV, 642) « *l'échelle d'un Moi* » ou « *d'un organisme* » : « *Telle idée* [...] *est un fait énorme et pourtant nul pour un autre observateur. Vu d'ici troubles immenses, déchaînements prodigieux. Vu de là rien ou presque rien. Écrire le groupe de transformations qui unit, rend solidaires des phénomènes extérieurs, et ces événements à existence subjective — Voilà ce qui serait extraordinaire.* » (*C*, VII, 859-60).

54. En termes de « *pouvoir de l'heure* » (*C*, XX, 94) la question devient
« *Ce que notre esprit*
      instant peut faire de *|*nous*
et   *potentiel*
ce que *|*nous pouvons faire de notre esprit*
        instant »   (*C*, XX, 358)

55. « *Ce sont les plus forts esprits qui ont été le plus frappés par la fragilité, l'impuissance, l'instabilité de l'homme, — c'est-à-dire de leur instrument.* » (*C*, VII, 553 ; *C2*, 1387).

3

« VOLONTÉ DE PUISSANCE ET PUISSANCE DE L'ESPRIT »

par Simon LANTIÉRI

> « *Nietzsche excitait en moi la combativité de l'esprit, et le plaisir enivrant de la promptitude des* réponses *que j'ai toujours un peu trop goûté. Il me plaisait aussi pour le vertige intellectuel de l'excès de conscience et de relations pressenties, par certains* passages à la limite, *par la présence d'une volonté supérieure intervenant pour se créer les obstacles et les exigences sans lesquelles la pensée ne sait que se fuir. J'y remarquais je ne sais quelle intime alliance du lyrique et de l'analytique que nul encore n'avait aussi délibérément accompli. Enfin, dans le jeu de cette idéologie nourrie de musique, j'appréciais fort le mélange et l'usage très heureux de notions et de données d'origine savante ; Nietzsche était comme armé de philologie et de physiologie combinées, remarquablement adaptées ou associées à son mécanisme mental.* »
>
> Paul VALÉRY (in Notice pour la publication des quatre lettres à Henri Albert) cité par Édouard GAÈDE, *Nietzsche et Valéry* (Paris, Gallimard, 1962), Appendice, p. 453.

images

Comment ne pas faire précéder un système d'analyse, de ces images qui constituent comme une sorte de prologue théâtral, une sorte de mouvements d' « avant-scène » d'où notre pensée ne

51

peut facilement détacher son regard, tellement les protagonistes du drame sont proches de nous et de cet espace qu'ils ont habité, où ils ont vécu et qui est encore notre espace, cette « Europe », cette terre qui fait coexister tant de pensées et d'expériences contradictoires, et qui les a appelés, souvent sans succès, à d'incessantes synthèses, à de bouleversantes réconciliations. À certains égards l'espace dans lequel grandirent, pensèrent et vécurent Valéry et Nietzsche est comme un espace de théâtre où sur la scène de l'Europe défilèrent les figures contrastantes de la tragédie, de la comédie et du destin de l'esprit et, aussi, plus empiriquement, plus historiquement, ces représentations de l'esprit à soi-même par le truchement de héros si souvent nommés, si fréquemment évoqués : Dionysos, Jésus, les figures des Dieux Wagnériens, Wotan, Siegfried, Brunehilde, Tristan, ou ce Faust qui est comme la figure même de l'homme qui s'étonne de devoir être le complice de son propre meurtrier, le temps...

Ces personnages n'ont pas quitté le devant de la scène et ils parlent encore ce langage dont Nietzsche et Valéry nous livrent le sens ; le 3ᵉ Acte se joue encore et les desseins de nos questions et de notre « modernité » vibrent encore dans l'air que nous respirons et que nous vivons. Pour l'instant ces paroles, ces gens, ces gestes constituent l'horizon indépassable de notre propre existence. Ce qui pourrait paraître disparate, introduire en nous l'artifice et du gratuit, prend consistance et valeur dans l'expérience que Nietzsche et Valéry firent de ce par quoi l'esprit, l'intelligence, la volonté vinrent témoigner de leurs exigences, de leurs embarras, de leurs difficultés. Monsieur Teste continue à vouloir « tuer la marionnette », Faust sait que l'esprit reste toujours celui qui nie, Edgar Poe dessine le parfait agencement des parties d'une histoire d'où l'imprévisible est exclu, Léonard réussit à réduire tout l'univers visible à l'intelligibilité parfaite des lignes, surfaces, volumes, qui géométriquement et analytiquement proportionnés interdisent à l'esprit toute divagation hasardeuse, tout tâtonnement dont le salaire serait l'échec, le « moi pur », superbe, assiste au surgissement de toute chose comme au déroulement intérieur, prévisible et calculable de chaque pensée. De l'autre côté de la scène la Carmen de

Bizet nous repose du tragique des héros wagnériens et d'apaisantes pensées réduisent les tensions que les contradictions non surmontées n'avaient cessé de faire naître. Qui ne voit que devant le théâtre du monde Nietzsche et Valéry demeurent nos compagnons et nous invitent à suivre leur regard et à reprendre leur langage ? Ces deux hommes aimèrent les mêmes villes : Nice, Gênes, parcoururent les mêmes pays et surtout, dessinèrent avec le pessimisme de la conscience et de la lucidité le destin de l'Europe, établirent des diagnostics, essayèrent de deviner quelles pouvaient être encore les chances de notre civilisation. On sait la sorte de fascination que Nietzsche exerça sur Valéry. Le beau livre d'Édouard Gaède : Nietzsche et Valéry — Essai sur la comédie de l'esprit [1] *fait le bilan, quasiment exhaustif de cette espèce de réverbération mutuelle de deux pensées. Nous nous bornerons, quant à nous, à essayer d'éclairer comment à la volonté de puissance de Nietzsche, répond l'espèce de leitmotiv valéryen de la puissance de l'esprit. Sans toutefois méconnaître que pour Valéry comme pour Nietzsche l'esprit, l'intelligence qu'on aimerait saisir, décrire et goûter dans leur pur isolement ne sont que des puissances secondes, qui n'expliquent pas tout et qui sont comme adossées à une instance qui leur est supérieure, qui demeure mystérieuse et qui, contrairement à l'intellect, qui est une instance d'arrêt, est un signe de mouvement et d'action : la vie. La vie qui est organisatrice de toutes ces formes que, la plupart du temps, notre intelligence ne peut que contempler [2]. Cette priorité absolue de la vie, Valéry la reconnaît aussi bien que Nietzsche. Mais cependant la puissance de l'esprit n'est pas la volonté de puissance même si elle paraît parfois en procéder. Le « volontarisme » est chez Valéry parfaitement atténué...*

Il faut, peut-être, maintenant, quitter « le devant de la scène », pénétrer plus avant dans le spectacle au point, sans doute, d'oublier qu'il s'agit d'un spectacle, et, ce faisant, entrer dans la réalité...

VOLONTÉ de puissance et puissance de l'esprit : un tel titre enferme sans aucun doute, une comparaison entre Nietzsche et Paul Valéry. On sait d'ailleurs, depuis les beaux travaux d'Édouard Gaède, que Nietzsche a été pour Paul Valéry un thème de fascination. Le mot n'est pas trop fort pour le poète de *La Jeune Parque*. L'audace constamment reprise, sempiternellement recommencée dans l'exploration de l'esprit, caractérise les entreprises des deux penseurs, mais aussi, et à partir même de cette exploration, l'expérience des limites, des confins auxquels peut atteindre la pensée humaine lorsqu'elle abandonne les terrains du savoir consacré par les écoles et les doctrines, lorsqu'elle s'attache dans sa puissance de destruction des idoles, à mettre à nu cette présence de la conscience à son propre ouvrage et qu'elle se veut, travaillant ainsi, découverte iconoclaste des vrais fondements du savoir et de l'action. Valéry comme Nietzsche introduisent dans la philosophie, l'art, la morale, la religion cet instant et cette « méthode » du soupçon qui les rend responsables d'un nouvel acte de dévoilement, même si la nouvelle réalité dévoilée, doit conduire au pessimisme le plus net et le plus pur. D'ailleurs pour ces deux contempteurs des illusions de l'aventure humaine le pessimisme est la conclusion nécessaire de cette tentative radicale. De tous deux on pourrait dire, aussi, que leur pessimisme intellectuel se double d'un optimisme biologique et que là où l'intelligence de l'homme témoigne d'une inversion radicale à l'égard du devenir et de la puissance aveugle, mais, finalement bénéfique de la vie et de l'espèce, la vie est le lieu de certitudes qui reposent l'homme d'avoir trop pensé contre elle ou sans elle. La pure expression esthétique de cette dialectique (passage du pour au contre) ici, chez Paul Valéry se manifeste dans quelques-unes des plus célèbres strophes du « *Cimetière marin* » :

Non, non !... Debout ! Dans l'ère successive !
Brisez, mon corps, cette forme pensive !
Buvez, mon sein, la naissance du vent !
Une fraîcheur, de la mer exhalée,
Me rend mon âme... Ô puissance salée !
Courons à l'onde en rejaillir vivant !

et plus loin

Le vent se lève !... Il faut tenter de vivre !   (Œ, I, 151)

Cet optimisme biologique apparaît à plusieurs niveaux et, si je puis dire, sur plusieurs points « charnières » de la pensée de Valéry. Sans essayer de faire, ici, un inventaire exhaustif — notre propos étant surtout de marquer les analogies dans l'attitude, dans les « tempos » des pensées valéryenne et nietzschéenne —, nous sommes néanmoins amenés à insister d'abord sur l'abondance de métaphores biologiques qui assurent et rassurent le poète du bon fonctionnement, du fonctionnement adéquat d'un système, même si ce système n'apparaît en rien comme un système vivant. Certitudes apaisantes, témoins que la vie est pourtant prête à assurer des relais bienfaisants au pouvoir critique, paralysant, inhibiteur de l'esprit. Ces métaphores abondent : « *Le plus grand poète possible — c'est le système nerveux.* [§] *L'inventeur du tout — mais plutôt le seul poète.* » (I, 335) ; ou les considérations sur le « *petit problème de la coquille* » (I, 900), qui « *suffit* [...] *à illuminer nos limites* » « *la fabrication de la coquille est chose vécue et non faite : rien de plus opposé à notre acte articulé, précédé d'une fin et opérant comme cause* ».

Valéry s'étonne donc de processus, de mécanismes en lesquels il ne peut installer la conscience et la réflexion critique et lucide sur les démarches internes et intimes de ces processus mêmes. La présence de l'esprit à son propre travail amène une délimitation de sa puissance, une évaluation exacte de ses pouvoirs, un contrôle toujours possible qui amènera les rectifications nécessaires, les corrections utiles, et les explications des échecs qui, ceux-ci, surviennent contre toute attente, contre tout espoir. Dans cette conscience que l'esprit prend de lui-même, dans cette sorte de « contemporanéité » de la pensée à sa propre tâche, dans, surtout, l'idée d'un projet possible, antérieur chronologiquement à l'acte créateur ou fabricateur, comme tel, il y a une « idée d'ingénieur », ou plus exactement un modèle de création qui emprunte l'essentiel de sa structure efficace à la fonction de l'activité « architecturale » — je dirais même plus volontiers « architectonique » de l'esprit lui-même. Mais quelles que soient les préférences de Paul Valéry, quelles que soient ses inclinations et ses choix, il reste que, comme pour Nietzsche, le biologisme et le naturalisme ne sont nullement et définitivement récusés. La revanche de la nature est toujours présente, son mode de fonctionnement et ses créations « sans repentirs » sont des modèles mystérieux certes mais, peut-être, très rassurants.

Ainsi, d'entrée de jeu, se constituent entre Nietzsche et Valéry de mystérieuses et profondes affinités, même si, plus loin, plus tard doivent apparaître de très profondes divergences. Nous aimerions, ici, et sans préjuger du statut final de leur attitude relativement à la totalité des phénomènes que nous évoquons, énumérer, même si nous ne pouvons ensuite les analyser tous, les points charnières, les éléments « pivots », autour desquels gravitent les structures majeures qui définissent l'orientation essentielle de ces deux *philosopher* [3]. Cette thématique, plurivalente et même foisonnante, commune à Nietzsche et à Valéry se laisse bien identifier, selon nous, par les articulations suivantes :

1) Philosopher contre la philosophie.

2) Faire une analyse spectrale et cependant génétique de la dialectique des puissances : la vie, l'intelligence, l'esprit.

3) Déterminer, en toutes circonstances, la puissance de la vie et des ruses de la vie.

Dans une telle dialectique, la vie apparaît, souvent chez Paul Valéry, toujours chez Nietzsche, comme la première puissance, qui ne présuppose rien d'autre qu'elle-même et ses propres exigences et trace les contours d'une figure de l'absolu qui relativise la forme et le contenu de toutes les autres puissances.

4) La notion de ruse est centrale chez l'un comme chez l'autre ; elle intervient aussi dans le dialogue de la sensibilité et de la raison, de la sensualité et de l'intelligence.

5) La pensée humaine n'apparaît jamais, et ne s'apparaît jamais à elle-même, que brisée. Jamais elle ne recouvre comme un tissu unique la trame représentée par les objets d'univers et la totalité des expériences que nous pouvons en faire ; chez

Paul Valéry, la réflexion et la connaissance arrivent toujours trop tard, la puissance de la lucidité se découpe toujours sur un impensé et un impensable qui sont peut-être la marque même de l'être défini par son opacité : « c'est ce que je ne sais pas de moi qui me fait moi... ».

6) La brisure de l'être peut correspondre à l'impuissance de notre intelligence à en reproduire tous les contours et toutes les articulations, cette impuissance est alors, seulement, d'ordre gnoséologique ; elle peut aussi correspondre au statut de l'être lui-même : elle est alors d'ordre ontologique, cet ordre brisé, ce « chaos », exprime alors une irrationalité fondamentale. Nous pensons que Valéry comme Nietzsche penchent vers une telle interprétation, encore que chez Paul Valéry la lecture et l'exégèse du « *Cimetière marin* » conduiraient aussi à l'affirmation de la rationalité pleine de l'être, de (l'Être), à condition de concevoir un être parfaitement parménidien, à la rationalité essentiellement *matérielle* et dont l'ordre opaque et massif est altéré par la mouvance d'être, ruiné par la présence de l'homme et sa conscience (« je suis en toi le secret changement ») ; sans doute, aussi, pourrait-on dire que la seule image « noétique » qui convienne à la totalité massive de l'être coextensive à l'univers est celle de « midi le juste » qui « en soi se pense et convient à soi-même », comme si, ici, la dualité de la pensée et de son objet enfin abolie permettait d'identifier une perfection dont la pensée humaine n'approche jamais vraiment, puisque toujours habitée et même hantée par la dualité de la pensée consciente et de l'objet sur lequel elle porte.

Il reste, selon nous, que chez Valéry comme chez Nietzsche et de par cela même qui fait l'irrationalité des choses et de l'homme une ontologie réaliste reste impossible. Valéry attribuera à la seule poésie ce rôle fécond, profond et curieux d'être une ontologie du corps, une installation dans un « antéprédicatif » [4], qui s'identifie comme systèmes de rythmes fréquents, antérieurs à toute conceptualisation et à toute verbalisation, comme si les contenus poétiques — sémantiques, syntaxiques et même phoniques — étaient non seulement seconds, mais en quelque sorte indifférents à cette « *inviscération* » de schèmes par lesquels s'offre une structuration primitive de l'être, dernier terrain, dernier domaine de ce que l'expérience humaine et poétique peut atteindre. C'est pourquoi nous avons pu parler de la poétique et de la poésie de Paul Valéry comme d'une introduction à une « ontologie du corps ».

Et si Nietzsche, à notre sens, ne possède pas de technique quasiment artisanale où s'élaborerait la production de l'œuvre de façon quasi organique, il indique que seule l'expérience esthétique peut rétablir d'une façon fulgurante cette plénitude d'être, cette totalité, qui arrache, pour un instant, la réalité à sa cassure ou brisure originelle.

7) Tout discours philosophique n'a pu déployer illusoirement sa problématique apparemment audacieuse que parce que toute philosophie a cru réalisé ou réalisable cet accord des déterminations de notre pensée et de notre vouloir avec la texture profonde de l'être, soit qu'elle se donne sous forme de concepts ou d'idées, soit qu'elle se propose sous forme d'objets ou de matière imaginés de manière réaliste. Or, il y a là une importance que, chacune à leur façon, les philosophies du « soupçon » que sont décisivement les pensées de Nietzsche et Valéry ont totalement remise en question.

La philosophie est pour l'un comme pour l'autre une école d'étonnement. Mais s'étonner, ici, c'est essayer de ne jamais doubler une incompétence — provisoire ou définitive —, une impuissance à rendre compte et à expliquer l'hypothèse selon laquelle Dieu dans l'actualité de ses pouvoirs ou l'intelligence humaine dans l'achèvement ultérieur (*eschatologique ?...*) de ses virtualités, peut ou pourrait colmater les brèches de la cassure ou de la brisure, donner ou trouver une raison à toutes choses, objet du scandale et de la faiblesse de notre esprit. Se tenir « *toujours debout sur le cap Pensée* » (II, 39) pour Valéry, se porter aux termes extrêmes de l'expérience nihiliste pour Nietzsche, c'est refuser les alibis de la virtualité consolatrice. Il faut faire de l'actuel, dans l'inachèvement de ses aspects, dans le désespoir qu'il peut produire, dans les lacunes qu'il comporte, dans les imprévisibilités qui l'accompagnent, la vraie norme de toute réalité. Si « voir clair c'est voir noir », si l'espoir n'est que l'illusion suscitée par notre affectivité contre les prévisions trop précises de notre intellect, il faut philosophiquement rejeter les alibis virtualité et se méfier de toute « intelligibilité feinte » qui viendrait trahir ce que très strictement, nous savons. De la lucidité devant ces trous béants de l'être, mesurée, sans doute, par les lacunes de nos savoirs, résulte certes une philosophie « aphoristique » : à l'aphorisme dans son isolement quasi prophétique correspond bien tel ou tel être isolé, séparé d'un tout dont la consistance et l'unité demeurent problématiques.

8) Les philosophies de la « volonté de puissance »[5] et de la puissance de l'esprit se donnent sous une forme « aphoristique ». En fait, cette forme éclatée répond — nous l'avons dit — à une impuissance à se constituer en système ou, peut-être, plutôt à un refus du système. Chez Nietzsche le système signifierait l'achèvement rationnel de la réalité, plus exactement, l'idée d'un parallélisme heureusement établi entre les déterminations conceptuelles de la pensée humaine et l'ensemble des régions concernant le réel. Or, l'irrationalité de la formule aphoristique répond à plusieurs vecteurs, plusieurs intentions qui ne recouvrent pas la totalité du projet valéryen, mais, qui, même, permettent de reconnaître la pertinence de la pensée de Paul Valéry, dans son irréductible différence. Parmi ces vecteurs, on aimerait citer les aspects « prophétiques » de la proclamation contenue dans l'aphorisme, la perception de la discontinuité de l'univers humain qui répond à la discontinuité de l'univers physique et surtout la jonction, l'indivision même, dans l'aphorisme, d'une description à l'indicatif et d'une injonction à l'impératif : les aphorismes de Zarathoustra et, aussi, ceux que l'on trouve dans maints autres écrits — le gay savoir en particulier —, traduisent avec rigueur et précision ces deux aspects. Sans doute cette indivision de la description et de l'injonction coïncide-t-elle souvent avec un style de pensée et d'expression qui évoquera à coup sûr les « moralistes ». On

sait que Nietzsche aimait et admirait les « moralistes français ». Valéry lui, était aussi un de leurs grands lecteurs. Admirateur également, et de leurs analyses psychologiques, et de leur forme. Le moraliste quand il décrit un trait de caractère vient aussi prévenir le défaut qu'il manifeste. Rigueur psychologique et rigueur morale vont de pair. À l'observation, le moraliste ajoute la réforme — la convergence entre Nietzsche et Valéry, ici encore, est frappante. Cependant, et, relativement à la notion de puissance, si toutes ces analogies peuvent et doivent être maintenues, les différences éclatent bien vite.

Et, peut-être, cela provient-il de l'ambiguïté de la notion même de puissance. Tant qu'elle demeure induite dans le champ de certaines virtualités, il y a une intentionnalité nietzschéenne comme il y a une intentionnalité valéryenne et pour les deux un cheminement parallèle lorsqu'il s'agit d'effectuer un travail de soi sur soi permettant la création de diverses « surhumanités ». Le pluriel, ici, pourrait, en effet, surprendre ; mais, outre qu'il désigne d'abord les deux surhommes, le nietzschéen et le valéryen, il veut aussi et surtout faire apparaître la pluralité et la diversité des « surhommes valéryens ». Nous avons évoqué et analysé cette diversité. Nous dirons simplement ici que chaque surhomme dépend de la nature, de la méthode et du style impliqués dans l'ascèse sur une puissance, une « figure » particulière ; la figure de chaque « surhumanité » étant au terme d'un ensemble d' « exercices spirituels » qualifiés pour leurs objets et les procédés mis en œuvre pour les atteindre. Valéry comme Nietzsche adressent leurs soupçons à tout ce qui est « naturel ». L'essence même de la pensée réside dans cette construction de soi par soi, l'exercice spirituel est le moyen majeur de cette construction. Teste, Faust, Léonard, Descartes, Poe sont autant d'actualisations concrètes et incarnées de puissances qui réalisent les principaux « vecteurs » du Moi — Valéry étant lui-même une détermination de cette puissance, poussée par l'ascèse au degré ultime de sa réalisation —, même si tel ou tel surhomme n'est, tout au plus, que le rêve ou le schéma d'une figure guère possible dans les faits. Et cependant Valéry est, quand même, M. Teste dans la mesure où ce mythe est né de son propre désir d'être. Teste est la limite vers laquelle il tend indéfiniment, en 1896, comme Léonard l'était quelque temps auparavant. De même Valéry a-t-il évoqué et même analysé la méthode cartésienne pour porter à la plus parfaite des puissances la possibilité pour le moi pur de s'isoler de l'ensemble de ses affections en les replaçant, en quelque sorte, dans le monde, en en faisant des éléments de la nature, parfaitement distincts du moi pur et en organisant autour de ce regard — un rien, un néant ?... — l'ensemble des représentations avec lequel le sujet ne peut jamais être confondu. Trait que l'on retrouve aussi, il faut le dire, dans certaines métaphysiques orientales. Dans cette perspective le plus « valéryen » des ouvrages de Descartes reste, assurément, le « Traité des passions » lui qui demande de traiter mécaniquement des affections et des passions de l'âme, de les réduire et ainsi de ne plus jamais confondre « l'ego » avec cette « naturalité » qui n'appartient pas plus au moi que l'ensemble des objets physiques dont l'essence est justement la pure et simple étendue. Sans doute l'attitude finale de Valéry est-elle « existentielle », la transformation active de l'existence, compte-t-elle plus que les résultats qu'on en obtient pour la connaissance, ou plutôt, il s'agit d'une transformation de soi plus que d'une action sur le monde. Édouard Gaède écrit : « *La méthode cartésienne étendue hors de toute limite, extrapolée, hypostasiée en quelque manière, change nécessairement de nature. Élevée au rang '' hyperbolique '' de méthode de la méthode ou de surméthode englobant jusqu'à ce qui est aux antipodes de sa conception primitive : jusqu'à l'inconscient, elle perd en consistance logique ce qu'elle gagne en extension et en compréhension. Elle ne peut que virer au mythe.* » (p. 297 [1]).

Or, ce que Paul Valéry a tenté, relativement à cette puissance contenue dans le moi comme son essentielle virtualité, il l'a fait pour d'autres formes, d'autres structures et la puissance à développer conduit toujours à la possession d'une double maîtrise, celle de soi, celle du monde, mais toutes deux reposent sur une science dont le caractère le plus marqué est celui de dominer la dispersion et la contingence, d'obtenir l'unification de toutes les pensées, dominées, rassemblées, pesées, et, surtout, déterminer *a priori* un ordre qui permette de passer de la prédiction à la prévision. Pour nous, le projet valéryen est celui d'un *ars magna*, une science fondamentale reposant sur une méthode qui permettrait un contrôle complet de l'esprit sur ses propres pensées, un *gouvernement* de la totalité des représentations et même des affects, éliminant les effets de surprise. Il y a, on le sait, dans tous les *Cahiers*, une science et un art de l'éclosion de nos pensées. Là-dessus les positions de Valéry ne sont paradoxales qu'en apparence. Cet homme à l'attention tendue à l'extrême dès l'aube a fait du surgissement de ses pensées une jouissance qui semble accordée à la contingence de cette éclosion. Il y a une virginité de l'objet de connaissance qui est à la mesure de leur imprévisibilité. Valéry a goûté, incontestablement, la nouveauté matinale d'une pensée, d'une volition, d'une représentation — sans doute, aussi, a-t-il cru que l'attention à cette forme d'éclosion devait nécessairement comporter une sorte de genèse, comme si l'inspection de cette naissance devait permette de formuler des lois générales sur la régularité ordonnée du devenir mental. Dans une pareille perspective, à la jouissance subjective du travail du petit matin ne vient pas contredire ce leitmotiv tout à fait valéryen qui est la condition de la possession de toutes les déterminations du moi, leur maîtrise excluant toute surprise et rendant possible cette science qui s'accompagnera de la prévision intégrale de tout état pouvant ou devant surgir. L'admiration pour un certain Descartes, l'enthousiasme pour l'*Eureka* d'Edgar Poe, l'interprétation intellectualiste de l'art créateur de Léonard de Vinci (la peinture est possession calculée du monde à partir de l'intelligence intégrale des éléments mathématisables qui le composent) qui exclut précisément toute pensée qui n'engendrerait pas, pour ainsi dire, la production matérielle, artisanale et ingénieuse d'une machine ou d'un objet esthétique ; l'affirmation de toute forme de connaissance qui implique la genèse réciproque de la contemplation et de la création, sont les constantes de la pensée de Valéry.

Ainsi, il y a une sorte de méthode de vérification de la productivité intellectuelle et Valéry en a constaté l'efficacité en lui-même dans l'élaboration poétique.

« *Quel est mon pouvoir sur ma pensée ?* », demandait-il dans une brève note des *Cahiers* (*CI*, 494) ; et, en fait, toute l'instauration de la méthode valéryenne n'est que la mise en place de protocoles et de procédés visant à augmenter la prise de contrôle de la pensée sur ses propres opérations à partir de la connaissance, et d'abord, de la conscience de ses mécanismes. On aurait pu imaginer, et, quelques notes des *Cahiers* laissent entrevoir cette virtualité, un autre type d'orientation, celle qui, pressentant dans l'esprit des puissances cachées, mais difficilement contrôlables, inconnues et demeurant inconscientes par quelque aspect, les aurait utilisées dans leur dérivation et par leurs effets, en quelque sorte... En se fondant, comme dans l'alchimie, l'occultisme et différentes formes de spiritisme, sur la mystérieuse parenté, la secrète analogie de la matière et de l'esprit, sur la spiritualisation de la matière, sur la matérialisation de l'esprit. Une telle idée du pouvoir de l'esprit n'a jamais été absente des préoccupations de Valéry. Il y a sans doute renoncé pour des raisons d'ordre méthodologique, plus que pour des considérations d'ordre doctrinal. Si, en effet, il y a chez lui un dualisme, il ne semble pas que cette prise de position ait eu jamais un aspect systématique, dogmatique et doctrinal. Par contre, accepter que la conscience et la juridiction de ses contrôles et de sa vigilence soient oubliées au profit de dérives et de manipulations empiriques et n'impliquant jamais l'intervention de dispositifs rationnels eût été un sacrifice inacceptable, même si, « théoriquement », le schème de tels processus a été dessiné [6].

Ainsi, même si une tentation a nettement posé cette autre direction des puissances, la méthode de Paul Valéry a exclu une exploration systématique de cette « alchimie » de l'esprit. Présupposés méthodologiques qui ont été nettement exposés par Édouard Gaède dans l'ouvrage déjà cité.

Si le propos de Descartes [*explique-t-il*] fut de s'assurer de la cohérence de la pensée pour se rendre maître de l'étendue, le propos de Valéry

sera de s'appuyer sur la consistance de la pensée pour dominer —
la pensée elle-même. [...] Il se propose de construire un espace mental
qui ait des propriétés métriques analogues à celles de l'espace cartésien, qui soit perméable à une quantification progressive, qui ouvre
la carrière à une conquête scientifique indéfinie, semblable à celle
qui pénètre toujours plus avant dans l'intimité de la matière.

(p. 289 [1])

Et il cite cette formule de Valéry : « *Ce qu'il faut chercher à
concevoir, c'est le fonctionnement d'ensemble de l'être humain* »
(*C*, II, 770).

Dans ces conditions, les présupposés essentiels de la méthode
valéryenne tiennent en trois postulats, dont le premier concerne
l'unité de tous les objets de la recherche, le deuxième définit
le type de fonctionnement de l'esprit humain qui est, en fait,
applicable à tous les phénomènes, matériels aussi bien que
spirituels, et le troisième définit l'espace mental comme continuité et homogénéité [7]. Dans cette perspective, Édouard Gaède
explique fort bien que le « formel », ou le « rationnel » — termes
que Valéry emploie indifféremment et qui désignent tout ce
qui est quantifiable, généralisable par collections, séries et dénom-
brements —, donne lieu ainsi à des opérations d'une puissance
supérieure par rapport aux opérations s'exerçant sur des objets :
chacune en résume ou comprend une infinité à titre virtuel.
C'est, en somme, le principe de l'algèbre par rapport à l'arith-
métique. « [...] *Valéry applique ce schéma aux opérations quelconques de l'esprit. Ce que les mathématiques n'ont fait que pour la
quantité, il veut le transporter dans le domaine du qualitatif.* »
(p. 292 [1]).

Mais ce rêve d'une « *algèbre de la pensée* » (*C*, I, 770) implique
« *l'art d'une invention à la deuxième puissance* » (p. 292 [1]) — l'art
préalable d' « *inventer l'invention* » qu'il attribue à Léonard —
« *et il cherche pour sa part, à en faire la théorie, laquelle doit être
une " théorie de la théorie "* ». Et Édouard Gaède conclut :
« *Le poète converti aux mathématiques établit à cet égard une
hiérarchie très nette.* » « *Les propriétés des transformations* [affirme-
t-il] *sont plus dignes de l'esprit que ce qu'il transforme.* » Et la

séparation du travail de l'esprit en deux temps distincts, il la pousse jusqu'à déclarer : « *En vérité, il faudrait vivre deux vies : l'une, de préparation totale ; l'autre, de développement total.* »

Ainsi, le respect de l'unité de la totalité objet du savoir implique l'application et le contrôle de la méthode unique. Celle-ci n'est jamais infidèle au *cogito* ; mais, lorsqu'il est débarrassé de toutes les notions parasites qui n'appartiennent qu'au répertoire des problèmes convenus « que l'on n'eût pas inventés », le *cogito* rendu à lui-même et à son domaine strictement égotiste, laisse percer un principe qu'on n'y soupçonnait guère : la volonté de puissance. Alors, sans aucun doute, au son de ces mots les entités s'évanouissent ; la volonté de puissance envahit tout l'homme.

Quels chemins prendra la critique qui se proposerait de remonter jusqu'à l'indivision des racines qui donnent leur sens et leur portée aux philosophèmes de Valéry et de Nietzsche ?

Poser le problème, c'est au moins deviner à quel point ces deux figures dessinent par leurs deux interrogations conjuguées le visage de cette passion des origines qui est aussi, au moins en filigrane, le contour de leur unique but.

NOTES

1. Paris, Gallimard, « Bibl. des Idées », 1962.

2. Le faire de l'homme pour Paul Valéry le cède toujours en puissance et en perfection au faire de la nature. Par ailleurs, Valéry a fait l'expérience directe de contenus et de formes qui dans l'acte poétique sont antérieurs à, et, indépendants de la nature conceptuelle et verbale du fonctionnement mental ordinaire, lorsque celui-ci glisse ses procédés et ses énoncés dans des moules et dans des codes dont l'essence est d'ordre social. Or justement il est des créations qui témoignent, sans doute, de l'existence de réelles affinités entre les créations de la vie et celle de l'homme. L'expérience poétique est cette création qui s'enracine dans des structures, des rythmes, des « scansions », qui sont « coexistants » à des formes biologiques : la marche, la respiration, les éléments du souffle vital ; et qui se donnent originalement, comme antérieurs, « existentiellement », aux mots et à leur sens. Lorsque l'homme crée il le fait quelquefois avec une « méthode » qui ne passe plus par les exigences et les méthodes de l'intellect, mais par celles de la vie elle-même.

3. Ce mot désigne ici, non pas la philosophie arrêtée et constituée en système et en doctrine — ce qui serait parfaitement impossible pour Valéry et Nietzsche —, mais l'attitude philosophique dans sa pertinence et sa pré-

65

cision, qui renvoie cependant beaucoup plus à un schème caractéristique d'une tendance, d'une *Weltanschauung*, dont les supports appartiennent autant à l'intelligence et ses opérations rationnelles universalisantes et universalisables qu'à la structure de l'affectivité elle-même intégrable à la forme de la personnalité et au rôle joué par le Moi. En ce sens on peut, avec beaucoup d'opportunité et de justesse, parler d'un « philosopher » de Nietzsche et de Paul Valéry, ce « philosopher » relevant autant des catégories de la création esthétique que de celles dont on pense qu'elles président ordinairement aux opérations de la philosophie. En effet, Nietzsche et Valéry soutiennent, l'un et l'autre, et illustrent également la conception d'une « philosophie-art », d'un « philosophe-artiste » — cette formule admettant, nous semble-t-il, au moins deux significations : *a*) la reconnaissance par l'un et l'autre que la philosophie ne doit plus hésiter sur son propre destin et comprendre, en les analysant, les mécanismes créateurs de ses « philosophèmes » : l'interprétation de ses mécanismes et de ses processus doit, selon Paul Valéry, amener la philosophie à se placer parmi les arts du langage, et, selon Nietzsche, la déterminer comme processus original où doit se prendre le risque de penser ailleurs et autrement ; *b*) l'assignation à l'œuvre du philosophe d'avoir l'originalité créatrice de l'œuvre d'art.

Il faut cesser de concevoir l'œuvre du philosophe comme le résultat d'une contemplation, d'un contempler, mais d'une action créatrice, d'un créer, qui doit amener l'apparition de nouvelles valeurs.

4. *Antéprédicatif* : nous empruntons ce mot au vocabulaire de la phénoménologie et plus précisément à la traduction et à l'interprétation de la terminologie utilisée par Husserl dans *Erfahrung und Urteil* (*Expérience et jugement*). Il y a, ainsi, des opérations de la conscience qui ne passent pas forcément ou qui ne s'expriment pas forcément par la forme d'un jugement attributif opérant sur la base d'un sujet d'inhérence. Maurice Merleau-Ponty a appliqué l'existence et la forme de ces activités antéprédicatives de la conscience au domaine de la perception qui est devenue, chez lui, le domaine privilégié de l'analyse phénoménologique, dans la mesure où il s'agissait « d'égaler la réflexion à la vie irréfléchie de la conscience » (MERLEAU-PONTY, « Avant-propos » de la *Phénoménologie de la perception*) ou encore d'adhérer à l'expérience « encore muette de son sens ». On pourrait noter ici le même souci, la même préoccupation de la recherche d'un « sol originaire de l'expérience ». En fait, cependant, l'expérience de Paul Valéry, s'enracine ou « s'origine » à l'effectuation d'un acte, l'acte poétique, un faire : le faire poétique ; et, cette expérience n'est, si elle est muette de son sens, aucunement contemplative et passive. Puisque l'expérience originaire de l'être, est celle de rythmes dont les périodes sont réellement le premier découpage du temps et le cadre à la fois abstrait et vivant où, plus tard, viendront prendre sens et « chair », les mots et les concepts.

5. On sait combien de risques « sémantiques » offrent cette formule et les traductions qui ont été tentées. De toutes façons, Nietzsche invite à répudier les significations psychologiques — « pré-psychanalytiques » — de sa formule. La notion ne repose pas sur une expérience de psychologie différentielle et ne suppose ni description psychologique, ni approche psychothérapique : en fait, elle est une puissance métaphysique, création, orientation vers la transmutation des valeurs.

6. Une page des *Cahiers* nous paraît à cet égard à la fois très éclairante et très significative. Valéry écrit :

« *Le but profond | unique |, caché, inavoué de la pensée spéculative est d'arriver au point (imaginaire) où la pensée agirait* directement *sur les choses.*

C'est l'antique magie. — Car s'il n'en est pas ainsi, la pensée même ne rime *à rien. Faire un tableau résumé du Tout, prescrire la conduite de l'homme, ordonner les idées — disserter, discuter, tout ceci n'a pas un* grand *intérêt.*

L'ambition secrète du penseur est plus.. naïve. — Elle ne se borne certainement pas à produire des excitations intellectuelles, de l'ivresse conceptuelle, de l'illusion intuitive. Il voudrait bien, le sorcier, déplacer une masse, élever la température d'un corps — sans agir qu'au dedans de soi. Mais il a dû se borner à mouvoir des hommes, des passions, des images. » (*CI*, 519).

7. Voir Édouard GAÈDE, *op. cit.*, pp. 289 sqq.

4

GLADIATOR ET LE CÉSARISME DE VALÉRY

par Sergio VILLANI

PENSER le jeune Valéry c'est penser un « monstre » ; c'est-à-dire, selon sa définition, un être rare, admirable, complexe et, dans toute son étrangeté et sa complexité, paradoxalement simple et beau. L'image du jeune homme qui cultive la rêverie le long des allées du Jardin des plantes nous est bien familière. Nous chérissons aussi ce jeune prêtre, imbu de mysticisme, qui se passionne pour la Bible et lit avec intérêt et admiration de Maistre, Verlaine, Huysmans et même Loyola. Cependant, il y a un visage de sa jeunesse qui nous reste un peu inconnu, dont nous avons un peu négligé l'amitié. Je parle du jeune homme qui analyse le pouvoir et, stratège, se fait une méthode pour réaliser sa conquête, du jeune homme qui se penche sur l'art militaire et le refait plus pragmatique et plus intellectuel, et de celui qui célèbre l'action, même la plus violente, et contemple en disciple et juge Tibère et Caligula, Clausewitz et Bismarck, Bonaparte et Rhodes, « le Napoléon du Cap ». On pourrait donc recréer une image peut-être mythique du jeune Valéry : une personnalité divisée, tiraillée entre un penchant méditatif et un désir d'action ou, selon les catégories médiévales, entre le couvent et l'armée, la mitre et l'épée, le sacerdoce et le césarisme. En 1890, il se définit à Pierre Louÿs « *l'adorateur dans les indécises cathédrales des ostensoirs parmi l'encens* » (1er nov. 1890 ; *LQ*, 33). Il s'émerveille que son année de service militaire ait surexcité en lui « *la passion des choses religieuses* » (22 juin

69

1890 ; *LQ*, 14). Déçu, las de ses études de droit, dans le vague de l'avenir, il considère même la possibilité de se retirer loin du monde dans un couvent. Il écrit à Dugrip : « *Tu me verras finir dans quelque retraite monacale ou dans les ordres. Je ferai un clerc malheureux, irrité contre sa raison et contre son rêve, sans conviction profonde mais cherchant dans la morne habitude des gestes augustes et des oraisons dans la rêverie calme des heures immenses, la paix qui illumine le visage des vieux prêtres.* » [1].

Par rapport à ce dualisme de sa personnalité, l'image du gladiateur révèle une sensibilité qui souffre d'un manque de pouvoir, mais qui désire lutter pour remplir ce vide, pour vaincre et maîtriser son impuissance. Gladiator est un héros douée de disponibilité, indépendance et *elegantia* ; mais même s'il partage ces qualités avec les autres héros de la « mythologie de l'esprit », il n'est pas un personnage typique de la « Comédie de l'intellect ». Dans la formation du poète, Gladiator représente l'antipode de Monsieur Teste : celui-ci est tout introverti, celui-là tout extraverti. Gladiator a rompu le cercle de la méditation ; il en est sorti mais pour permettre la pensée plus libre et plus consciente. Comme les autres héros valéryens, Gladiator devient un miroir, une eau limpide dans laquelle Valéry se regarde et se juge, dans laquelle aussi il se purifie et en sort trempé pour la lutte contre les « Idoles ».

Gladiator est essentiellement une métaphore qui consiste en deux images fondues en surimpression, un syncrétisme du guerrier et du cheval. Gladiator est donc une sorte de centaure, « un héros à la grecque » qui, comme les lanistes romains, était maître de l'art de la guerre. Dans le *Don Quichotte*, *Tristram Shandy* et *Jacques le Fataliste*, il y a des figures de chevaliers qui frôlent la caricature et le burlesque et qui perdent souvent le contrôle de leur cheval. Par contre, dans le « Gladiator » de Valéry, il y a une conjonction harmonieuse de l'homme et du cheval, l'entente parfaite qui se manifeste dans les romans du Moyen Âge et de la Renaissance.

Judith Robinson a étudié les idées d'entraînement et de « gymnastique » dans « Gladiator » [2], et elle a révélé la passion de Valéry pour l'équitation et ses lectures de L'Hotte et de Baucher. Pour J. Robinson, « Gladiator » est inspiré par ces lectures et indirectement, peut-être, par le célèbre Gladiateur, héros national des courses hippiques. Avec cette image, Valéry traduit l'effort pour accomplir l'ascendant de l'esprit sur le corps, de l'intellect sur les sentiments. « *Le problème capital dans la vie* [écrit Valéry] *est celui de l'ascèse* » (*C*, VI, 738 ; *CI*, 338), c'est-à-dire, « *possession de soi* » et « *exploration* », « *obstacle* » (*C*, IX, 576 ; *CI*, 345) et dépassement.

Ce court exposé va donc diriger l'attention moins sur le cheval que sur le guerrier. Je voudrais d'abord considérer quelques faits et textes pertinents qui, je crois, éclairent la genèse de l'image du guerrier dans l'esprit de Valéry et, ensuite, tracer la transposition de cette figure du champ de bataille, de l'arène, à la littérature, où le combattant devient le symbole du poète, ou bien l'archétype du créateur-artiste.

Valéry a sans doute rencontré l'image pour la première fois dans ses lectures classiques. Mais en faisant personnelle la figure qu'il trouve dans les *Vies des Césars*, par exemple, il la purifie et l'entoure de valeurs positives et héroïques. Ce n'est pas le lutteur ensanglanté des arènes qu'il retient, mais l'homme entraîné pour le combat dans des écoles qui valorisent dans la formation la discipline et l'endurance. Gladiator n'est pas l'esclave humilié et sacrifié par la perfidie et pour le divertissement des grands, mais le soldat dressé, *condottiere*, qui lutte pour conquérir sa liberté et pour qui la lutte, apprise selon une éducation dure et systématique, est devenue un art. Cette image du Gladiateur sportif trouve une résonance sympathique dans le jeune Valéry. Les arènes de la Provence devaient rendre presque immédiats pour lui les temps historiques des gladiateurs. D'ailleurs, n'a-t-il pas été témoin des joutes sur les canaux de Sète le jour de la Saint-Louis ? et, peut-être, le petit Sétois a-t-il rêvé sur les noms de quelques jouteurs dont les exploits étaient légendaires ? C'est ainsi que l'image du gladiateur puisée dans l'histoire devient réelle et vivante lorsqu'elle est apparentée à des figures de la réalité contemporaine. L'athlète le jouteur, le danseur et le chevalier complètent la figure du gladiateur tout en renforçant ses valeurs de discipline et de souplesse élégante. Pourtant, bien que le gladiateur classique se métamorphose et s'épure, il reste le guerrier moulé par un entraînement rigoureux, une force d'âme stoïque et une volonté nietzschéenne de refus, de conquête et de pouvoir. La métaphore du combat est polyvalente et s'identifie facilement soit avec un match sportif, soit avec le dressage d'un soldat ou d'un cheval. L'équitation, d'ailleurs, est aussi un art, produit des écoles militaires, et dirigé, en général, par les mêmes principes fondamentaux qui forment les mouvements d'une machine de guerre.

L'image du guerrier poli et élégant qui est devenu par l'exercice le « César de soi-même », représente le confluent vers lequel convergent les forces diverses qui nourrissent et façonnent le penchant du jeune Valéry vers l'action. Gladiator a réalisé la « musique des actes » ; c'est-à-dire, un comportement imposé à l'esprit et au corps selon un système jusqu'à devenir mécanique pour, ensuite, dépasser le mécanisme et l'artificiel et prendre l'air du naturel.

Le goût pour l'action violente et plus précisément pour la guerre se manifeste dans les premières proses de jeunesse de Valéry. Dans les fragments des années 1887–89, on trouve plusieurs descriptions de paysages beaux, silencieux, solitaires soudainement déchirés par le cri du meurtre et la rougeur éclatante du sang. Les images de guerre reviennent souvent dans ces fragments pour décrire, par exemple l'approche d'un orage :

Puis une nue encore aux contours fantasques blanchie par la lune s'avançait avec lenteur comme s'avance une machine de guerre sûre d'elle-même de son œuvre qui arrive avec circonspection et masquait d'un voile impénétrable et lugubre le profil grimaçant de l'astre railleur.   (« Le Feu sautillant dans l'âtre » ; 1887 ; n° 8, 35/42 [3])

et l'orage même :

Tout craque dans la mêlée, car dans l'espace sombre se livre une vraie bataille [...]. Là-bas des vaisseaux, sans doute, se débattent

[...] tandis que dans la nuit, et dans la tempête, sur l'eau sombre, des bateaux se tordaient invaincus [...].

(« Baisers de vent et Baisers de femme » ; 1888 ; n° 18, 34/39 [3])

Typique est un joli portrait des sons, des couleurs et des activités d'une journée au « Port de guerre ». Le morceau fournit un exemple de l'amour admiratif du jeune Valéry pour les bateaux et pour la vie militaire. En voici un moment de la matinée :

La rade immense s'étend, toute d'or et d'acier, et miroite sereine, éblouissante... Tout autour sur les collines vertes et roses, boisées et ensoleillées, les maisons blanches aux toits rouges s'entassent. Là-haut la silhouette des forts, sévère et brune, s'élève sur le ciel bleu pâle, presque blanc. En bas, sur l'eau, mille vaisseaux enchevêtrent leurs mâts.

Lestement, une embarcation glisse et s'avance au rythme des rames et passe au milieu de carènes immobiles, que la mer suce et lèche. Les cuivres reluisent, les canons monstrueux sont pailletés de lumière, des soleils étincellent sur les ventres d'acier et sur les cuirasses brunies.

Dans l'azur et dans la brise, les couleurs joyeuses des nations claquent et flottent, les longues flammes diaprées, les pavillons multicolores, les blancheurs des énormes cheminées, la sveltesse des mâtures et des cordages se réfléchissent dans l'eau calme, verte, profonde et se tordent aux lentes ondulations de la houle. Les hommes de garde somnolent sur les bordages et leur regard se perd dans l'espace...   (n° 13 [3])

De cette même veine est un fragment datant de quelques années plus tard, intitulé « Impressions de guerre, la Première bataille », écrit sous forme de journal. C'est le récit d'un jeune officier, dragon, qui fait sa première expérience de la guerre, dont la violence lui est graduellement révélée. Voici le paragraphe d'ouverture :

Une route interminable. Des soldats, des soldats, toujours, encore des soldats. Je marche à gauche de ma batterie, content comme on l'est quand on a deux galons sur les manches, un grand sabre frétillant sur l'éperon gauche, cinquante francs en poche et vingt-cinq ans. Ah ! ça qu'ai-je donc ? Je suis maintenant tout fiévreux, ardent, tourmenté. Quelle rage de me battre ! mes pieds frémissent dans les étriers et mes mains crispées secouent mon cheval. Allons ! doucement Talbot ! doucement, mon petit ! là, là !   (n° 94, 1/2 [3])

Évidemment les modèles pour ce récit de guerre sont des épisodes semblables dans *La Chartreuse de Parme* et dans *La Conquête du courage*, *The Red Badge of Courage*, de Stephen Crane, dont Valéry avait envisagé une traduction.

Cet intérêt pour la guerre s'approfondit et s'élargit par d'autres écrits et d'autres lectures du jeune Valéry. Il y a les essais prophétiques sur l'esprit de méthode et de conquête et sur les conflits d'expansion coloniale. Valéry médite aussi sur des traités militaires — ceux de Clausewitz et de Jomini, par exemple ; et il étudie les plans et les ressorts des batailles célèbres. La psychologie du soldat et la sociologie de l'armée attirent aussi son attention : parmi ses lectures figurent Herbert Spencer, Tolstoï, de Maistre et *La Synergie sociale* du pacifiste Henri Mazel. D'ailleurs, malgré le manque d'intellectualisme qu'il constate à la caserne, et le lourd ennui de ses années au Ministère de la Guerre, ces expériences doivent être considérées comme positives dans la formation du jeune écrivain, parce qu'elles affirment en lui le goût pour l'ordre, la discipline et la forme. Ce ne serait pas exagéré de dire que le classicisme de Valéry est moins un produit de ses lectures d'un Racine ou d'un Boileau que l'influence de ses rencontres avec des valeurs militaires et avec des personnages historiques et contemporains de la guerre.

Le césarisme de Valéry se rapporte à sa sensibilité au *pouvoir* qui se développe en lui pendant sa jeunesse et surtout pendant les années 1890. Valéry préfère nommer ce penchant actif « *Caligulisme* » :

Mon Caligulisme. Sentiment puissant de mes moments les plus... profonds — volonté d'épuiser mon principe de vie, de former, produire, atteindre un Moment après lequel tout autre soit incomplet, imparfait, indiscernable etc.
Je fus ou suis ce moment qui foudroie t[ou]s les autres possibles ou connus. Moment-César. Idée latente — mais que je sens tout — énergie essentielle, qui juge et sacrifie tout — domine, du fond du moi, conduite réelle, amour, travail. [...] Pas de redites : construire pour se détruire. (*C*, XXVIII, 822 ; *CI*, 226)

Gladiator naît de cette philosophie ou *gymnastique* que Valéry appelle ailleurs un « nihilisme bizarrement constructeur ». Gladiator est l'expression symbolique d'une volonté de pouvoir, « volonté de potentiel et de *pureté* », selon Valéry, qui se pose un double but : la maîtrise et par là la connaissance de soi et du monde. L'image se cristallise dans les *Cahiers* après 1916 : elle devient ainsi une représentation du poète qui rompt son « Silence » et passe d'une période d'inactivité à la création, du refus à l'engagement.

Valéry transpose cette image du guerrier qui crée sa propre liberté à travers une formation rigoureuse et méthodique, dans le domaine de la création artistique. La transposition est rendue possible par l'intermédiaire d'une image mythologique du Créateur : le Démiurge, esquissé dans « Eupalinos », qui construit le cosmos du chaos :

Observe, Phèdre, que le Démiurge, quand il s'est mis à faire le monde, s'est attaqué à la confusion du Chaos. Tout l'informe était devant lui. Et il n'y avait pas une poignée de matière qu'il pût prendre de sa main dans cet abîme, qui ne fût infiniment impure et composée d'une infinité de substances.
Il s'est attaqué bravement à cet affreux mélange du sec et de l'humide, du dur avec le mol, de la lumière avec les ténèbres, qui constituait ce chaos, dont le désordre pénétrait jusque dans les plus petites parties. [...] Il organisait l'inégalité.   (Œ, II, 143)

Dans la mythologie classique, le chaos, l'infertilité et le désordre sont représentés souvent par l'image du serpent, tandis que le Créateur est incarné dans un héros qui, en tuant le serpent, rétablit l'ordre et la fertilité au royaume dévasté. Cette lutte créatrice est implicite dans « *La Pythie* » où Valéry évoque la légende d'Apollon qui tue le serpent Python et devient maître de Delphes. Par analogie, Valéry crée une nouvelle icône du poète qui remplace l'aigle royal de Hugo, l'albatros malmené de Baudelaire et le « pître châtié » de Mallarmé. Le Poète de Valéry a un aspect belliqueux et héroïque. Il est un héros, un guerrier, qui maîtrise le désordre de sa sensibilité et peut ainsi, en pleine conscience, détruire les « monstres » du langage ordinaire et chanter avec une voix pure qui annonce un *Saint Langage*. Tout comme Gladiator réussit à rendre chacun de ses actes déterminés et conscients par le contrôle de ses muscles, de même le poète rend son « langage conscient comme un acte », par le contrôle rigoureux de ses ressources.

Gladiator se dessine périodiquement dans les pages des *Cahiers*, associé presque toujours avec l'idée du *pouvoir*. L'image persiste et ne disparaît guère. On la retrouve métamorphosée pour symboliser le poète dans son activité créatrice. On la retrouve aussi dans le cahier inédit « Foch-Pétain » dans lequel Valéry ébauche les idées de son discours pour recevoir le Maréchal à l'Académie. Ici l'image du soldat subit une apothéose dans la figuration d'un être « supérieur » que Valéry appelle le « Chef ». Et, dans le discours sur Voltaire, encore une fois sous une forme mythologique, on voit le philosophe et les soldats de la Guerre mondiale comme des héros, des Persée qui combattent les monstres et les serpents qui infestent le monde moderne pour y rétablir la liberté :

> C'est une Mythologie que nous mériterions. Nous sommes, nous vivons et nous nous mouvons au milieu de héros et de monstres. [...] Mais nous avons aussi nos Thésée et nos Persée... C'est à eux, nos héros, que nous devons à présent d'être ici, et libres de parler en liberté.
> [...] Où est le Voltaire, la voix qui s'élèvera aujourd'hui ? Et quel Voltaire gigantesque, à la mesure du monde en feu, faudra-t-il pour accuser, maudire, ravaler le forfait énorme et planétaire aux proportions d'un crime crapuleux ? (*Œ*, I, 529-30)

Valéry rejette le guerrier qui tue pour choisir celui qui est créateur. Pour lui, tout acte, toute révolte, doit jaillir dans la création. On ne détruit que pour reconstruire : « *Car p[ou]r moi*, [écrit-il] *on ne tue que pour et par création. Et, d'ailleurs, l'instinct destructif n'est légitime que comme indication de quelque naissance ou construction qui veut sa place et son heure.* » (*C*, XXII, 203 ; *CI*, 168). C'est ainsi qu'il transpose des valeurs et des images de l'art de la guerre dans celui de la création. Le désir d'action en lui s'oppose au penchant vers un intellectualisme abstrait ou analytique. Le résultat est une pensée et une poésie plus dynamiques, plus vitales.

Suivant une logique freudienne, on pourrait considérer le césarisme du jeune Valéry comme un indice d'une faiblesse physique, d'un manque de virilité qu'il essaye de compenser avec des rêves. Il est vrai qu'il n'a pas la constitution d'un poilu ; mais il est aussi vrai qu'il n'est pas un être débile. La division en lui entre la mitre et l'épée s'harmonise et devient une force positive dans le développement de l'écrivain. La guerre, l'arène de l'action, n'est pas un rêve, mais une possibilité de carrière, un choix tout à fait naturel pour sa génération, que Valéry ne rejette pas, mais qu'il exploite dans tout ce que cette possibilité d'engagement offre de valeur créatrice. Gladiator est l'image de cette volonté d'action, une force d'âme qui lui permet de vaincre ses moments de faiblesse et acquérir la conscience des limites de son pouvoir : « *Mon but est non l'ouvrage*, [nous dit Valéry] *mais l'obtention de l'ouvrage par des moyens, et ces moyens assujettis à la condition de netteté, de clarté, d'élégance que l'on demande en général à l'ouvrage même et non à son élabo-ration.* » (*C*, IX, 655 ; *CI*, 346). La *condition* de l'ouvrage valé-ryen est aussi celle que son Gladiator demande à la vie et à son art de la guerre.

On peut dire pour conclure que Valéry a vécu et pensé la guerre et le guerrier tout le long de sa vie. C'est une méditation qui à cause des rapports patents avec sa poïétique nécessite et mérite une étude plus approfondie.

NOTES

1. Cité par Henri MONDOR, « Paul Valéry soldat », *Eaux-vives de Lutèce*, n° 3 (sept. 1946), p. 9.
2. Voir Judith ROBINSON, « Valéry's Conception of Training the Mind », *French Studies*, Vol. XVIII, no. 3 (July, 1964), pp. 227–35 ; « Valéry, the anxious intellectual », *AJFS*, Vol. VIII, no. 2 (1971), pp. 118–38.
3. « Proses de jeunesse », Bibliothèque Nationale.

5

« DIRE » ET « FAIRE » CHEZ PAUL VALÉRY

par Daniel Moutote

Il est un problème de la communication poétique chez Paul Valéry, qui jette également une suspicion sur sa prose. C'est ce dont témoignent les explications de ses poèmes, dont certaines sont célèbres, d'autres impertinentes. Le poète s'en est défendu parfois avec une ironie secrète, voilée sous l'esthétique : « *Mes vers ont le sens qu'on leur prête* » [1], ou par une explication qui étonne : « *Si donc l'on m'interroge ; si l'on s'inquiète (comme il arrive, et parfois assez vivement) de ce que j'ai " voulu dire " dans tel poème, je réponds que je n'ai pas* voulu dire, *mais* voulu faire, *et que ce fut l'intention de* faire *qui* a voulu *ce que j'ai* dit... » [2]. Et l'on est frappé, à la lecture des notes des *Cahiers* sur son activité littéraire, de voir combien souvent revient le mot *faire* pour désigner cette dernière :

Faire par ordre.
Plus me chaut le faire que son objet.
C'est le faire qui est l'ouvrage, l'objet, à mes yeux capital, puisque la chose faite n'est plus que l'acte de l'autrui [...]   (*C*, XII, 657)

Chez moi, le critique est toujours occupé du *faire*. Je prends position d'*auteur* pour juger d'un ouvrage. Je sais ou ne sais pas *faire* ce que j'examine   (*C*, XVII, 610)

Ego — Le FAIRE me domine, et ce qui me semble *fait* ne me dit rien. C'est donc *ce avec quoi l'on fait* qui m'éveille et m'attire. Donne-moi la matière et les outils. Je me charge de la forme.
Mais donne-moi surtout l'*envie de faire...*   (*C*, XXIII, 561)

79

L'idée de la fabrication du poème ou des œuvres m'excite, m'exalte plus que toute œuvre, — et ceci (nota bene) d'autant plus que cette imagination se fait plus indépendante de la personne et personnalité du fabricateur. *Ce n'est pas quelqu'un qui fait.* (*C*, XXV, 373)

Enfin cette note presque testamentaire du dernier *Cahier* :

Conseil —
    Artiste, fais ce que tu fais le mieux [...]. Sache te découvrir ce que tu fais le mieux et es comme fait pour faire.
    Prends garde ! Ce n'est pas toujours ce qui te fait le plus envie de faire, ni même ce que tu fais avec le plus de plaisir.
(*C*, XXIX, 766)

Faire aura été le thème le plus constant de l'esthétique de Valéry, si l'on se souvient de ce cri du jeune poète à un ami plus heureux dont il met en syllogisme le bonheur d'être : « *J'ai ouvré, j'ai agi — donc, je suis !* [§] *Mais quand ferai-je, Moi ?* » (*Corr. GV*, 44 ; 19 janv. 1891). Il ne laisse pas d'être mystérieux, s'agissant d'un art du langage. *Faire* soit, mais qu'est-ce à *dire* ? Car il faut bien finalement que tout se résolve en un sens. Telle est la raison de la présente recherche sur *dire* et *faire* chez Paul Valéry. Elle vise à élucider la pratique valéryenne de l'écriture. Elle concerne le pouvoir de l'esprit au moment de son émergence dans son acte.

Elle est difficile parce que l'utilisation du langage ne semble pas homogène chez Valéry. À des vers réputés obscurs à force de travail et en quête de leur sens, se mêle la prose la plus limpide et la plus riche d'idées de notre temps, opposant ainsi un comble du *faire* à un comble du *dire*. Et tous les degrés de pureté s'y rencontrent, du langage pour tous des *Variétés* au langage pour un seul, à l'origine, dans les *Cahiers*. On s'en tiendra aux deux types extrêmes de cette écriture, celle des poèmes et celle des *Cahiers*, afin de les éclairer l'un par l'autre. Et l'on tentera d'expliquer le passage du *dire* au *faire*, afin de situer l'écriture de Valéry dans cette mutation de la sémantique à la sémiotique qui restera sans doute le caractère formel le plus nettement acquis par l'art littéraire du XXe siècle.

Chez Valéry, le sens ne se cherche pas dans ce qu'on fait dire au poème, mais dans ce que l'auteur y dit vraiment, et surtout dans ce qu'il fait des formes.

Nous ne referons pas le procès de l'explication sémantique des poèmes. Pourtant récemment encore un gros livre a paru sur « *Le Cimetière marin* ». C'était une explication au nom du bon sens : le pire. Car non seulement l'auteur dit ce qu'il comprend, et dans le sens banal du plus grand nombre, mais encore son explication est réductrice. On sait pourtant bien qu'un poème n'a pas un sens, mais autant qu'il a de lecteurs, et autant qu'il provoque de lectures. Un poème ne saurait se réduire au sens qu'on dit pour lui. Valéry l'a redit bien des fois :

> Quant à la « critique sémantique », c'est un tissu d'hypothèses, et d'explications imaginaires — Je le vois par mon expérience sur mes poèmes !
> Par exemple sur « Les Pas », petit poème purement *sentimental* auquel on prête un sens intellectuel, un symbole de l' « inspiration » !
> Le vice des explicateurs est celui-ci : Ils *partent* du poème *fait* — et ils supposent une fabrication qui *partirait* de l'idée ou résumé qu'ils se sont *faits* de l'œuvre après lecture.   (*C*, XXVIII, 428)

Mais inversement il serait faux de croire qu'un poème n'a rien à dire. Valéry note les lieux communs qui soutiennent son poème dans l'existence : sans lieux communs pas de communication. Si *La Jeune Parque* ne se situait dans le muet commentaire que font du poème les astres, la mer, le soleil, le printemps, nous y reconnaîtrions-nous ? De même pour la grande journée qui constitue *Charmes*. Plus profondément encore ces poèmes disent le savoir du poète au moment de leur genèse. C'est ce que met en valeur le livre de Hartmut Köhler : *Dichtung und Erkenntnis. Das lyrische Werk im Lichte der Tagebücher* [3]. L'auteur y montre ce que la méditation des *Cahiers* a apporté aux grands poèmes de la maturité, par exemple sur les thèmes de « la Citerne

intérieure » (1912), qu'on retrouve dans la strophe VIII du
« *Cimetière marin* » ; sur celui de Narcisse et Protée, qui renvoie
au premier *Fragment du Narcisse* ; sur le thème du mélange
(I, 199) qu'on retrouve dans « *Le Vin perdu* », etc. Les poèmes
redisent le savoir psychologique et poétique recueilli dans les
Cahiers. Ils véhiculent tout un ensemble de lieux communs qui
concerne le système égotiste élaboré par Valéry et constitue une
voie d'accès au poème.

Cela concédé, il faut admettre que l'essentiel du poème
valéryen n'est pas là, mais dans la sémiologie qu'il organise
par le moyen des effets [4]. Dans un texte célèbre, déjà cité en
introduction, Valéry proteste qu'il n'a pas voulu dire un sens,
mais voulu faire un poème. Il précise en ces termes : « *Quant
au* Cimetière marin, *cette intention ne fut d'abord qu'une figure
rythmique vide, ou remplie de syllabes vaines, qui me vint obséder
quelque temps. L'observai que cette figure était décasyllabique* [...].
[...] *Le démon de la généralisation suggérait de tenter de porter
ce* Dix *à la puissance du* Douze. » [2]. On sait que Valéry introduit
par exemple la strophe sur Zénon pour « philosopher » le poème,
non pour délivrer un message philosophique. Les brouillons
de Valéry donnent le spectacle d'un esprit qui construit : un vers
donné par les dieux, un dessin, des paradigmes de mots, d'idées
parfois mais esthétiques ; des strophes se développent et se
terminent en guirlandes de mots au revers de la page avant
d'être reprises et portées plus loin sur un autre feuillet. Valéry
ne dit pas un sens : il ajuste des matrices de sens, afin de faire
surgir ce dernier dans l'esprit du lecteur. Il opère ces ajustements
par une expérience en lui de lecteur. Il *dit* indirectement par ces
matrices, mais le propre de la méthode est que ces instruments
du sens prolongent leur action au-delà du minimum requis
par la simple communication. D'où la résonance poétique des
sèmes entre eux et de la variable sémantique avec la variable
phonétique, engendrant l'explosion poétique. Savoir mettre en
jeu les matrices du sens, c'est les engager au-delà de leur pouvoir
immédiat. « *Le savoir-faire l'emporte sur le savoir. Lionardo a vu
que connaître vraiment A, c'est le faire et — que savoir le faire*

emporte plus que savoir faire A, mais aussi A', A" — qui sont frères de A. » (C, XIX, 858). *Dire*, c'est fixer un terme du procès de communication : *faire* un sens, c'est engendrer un processus de création. La communication est une recréation. Valéry en utilise le processus comme une méthode destinée à accroître son rendement sémantique.

Ces remarques doivent être étendues à la prose poétique des premiers écrits et des *Dialogues*. *« Un " écrivain ", cette manière d'être se marque à ceci. Il en dit toujours plus et moins qu'il ne pense. Il enlève et ajoute à sa pensée* [...]. [§] *Ce qu'il écrit enfin ne correspond à aucune pensée réelle. C'est plus riche et moins riche. Plus long et plus bref. Plus clair et plus obscur »* (C, IV, 871). Sans doute ne retrouvons-nous pas, dans la prose, une telle condensation du *faire* que dans les poèmes. Pourtant Valéry est loin de se contenter de dire ses idées : il les mime. À titre d'exemple, rappelons « Paradoxe sur l'architecte », dont l'écriture s'ingénie à faire chanter l'architecture comme aux temps orphiques, et qui se conclut, sous la prose, par le sonnet d'Orphée [5]. Ne serait-ce pas rendre l'écriture « performative », c'est-à-dire accomplissant l'acte qu'elle dit ? « Introduction à la méthode de Léonard de Vinci » joue autant qu'elle dit la construction d'un monde par l'artiste :

Il est le maître des visages, des anatomies, des machines. Il sait de quoi se fait un sourire ; il peut le mettre sur la face d'une maison, aux plis d'un jardin ; il échevèle et frise les filaments des eaux, les langues des feux. [...] Il fait un Christ, un ange, un monstre en prenant ce qui est connu, ce qui est partout, dans un ordre nouveau, en profitant de l'illusion et de l'abstraction de la peinture, laquelle ne produit qu'une seule qualité des choses, et les évoque toutes.

(Œ, I, 1175-6)

Prose merveilleuse qui bâtit la cité des mots qui la décrivent, dans sa *« richissime texture de motifs selon hauteur, largeur et profondeur »* (Œ, I, 1188), calculant *« le faix du linteau sur les supports, l'opportunité de l'arc, les difficultés des voûtes, les cascades d'escaliers vomis de leurs perrons, et toute l'invention qui se termine en une masse durable, ornée, défendue, mouillée de vitres, faite pour*

nos vies, pour contenir nos paroles et d'où fuient nos fumées » (1189).
Voilà bien ce qu'est faire avec des mots dans le texte poétique.
On pourrait citer de même les grands *Dialogues* de la maturité,
en particulier la prose vertigineuse de « L'Idée fixe ». Le poète,
rendu aux puissances d'Orphée, rebâtit le monde, ou simplement rendu attentif en lui-même au jeu infini des possibles,
restitue un esprit, par son acte et par son verbe. Tout en conservant aux mots leur valeur dans le registre du dire, il les
prend comme éléments matériels dans une modélisation intellectuelle et imaginaire dont il se fait l'ingénieur et qui relève du
faire.

2) « Dire » et « faire » dans le langage égotiste des « Cahiers »

À priori les *Cahiers* présentent le langage le plus dénué
d'effets, car ménage-t-on des effets pour soi seul ? C'est dans le
métalangage des ribriques « Les Cahiers », « Langage », « Poïétique », de l'édition thématique réalisée par Judith Robinson qu'on
pourra chercher ce que l'auteur fait en ce sens. Également il
doit investir une part sans doute non négligeable du message
extérieur, dont il n'est que l'instrument, sans quoi compren-
drait-on que ce langage concernât le monde et ne fût pas réduit
à une sorte d'élévation mystique purement intime ? Mais l'essentiel de ce langage pour soi revient-il à *dire* ou à *faire* ? Il est clair
en tout cas que ce langage ne vise pas l'expression d'un sens,
mais sa recherche et s'attache à faire un esprit.

Il semble qu'on puisse comparer le langage des *Cahiers* à
celui des *Poèmes* en se fondant sur la notion d'engendrement
du sens. À la variabilité paradigmatique du vers qui, en vue
de multiplier les amorces de sens, empile en quelque sorte l'un
sur l'autre plusieurs textes à la manière d'un *Codex* ou des
images de Galton, fait pendant la variabilité syntagmatique de
la longue phrase brisée des *Cahiers*, dont les articles, comme sur
un *Volumen*, se suivent dans les vingt neuf tomes de l'édition
du C.N.R.S. De loin en loin reparaissent les mêmes thèmes,

selon la musique imprévue de la pensée valéryenne et cette reprise équivaut à la multiplication paradigmatique du sens dans le vers. Valéry dit bien chaque fois ce qu'il voit de la notion au moment de son émergence matinale dans le champ de la conscience, mais une variation du sens s'opère de texte en texte. C'est elle que restitue le classement thématique de J. Robinson reprenant celui qu'avait élaboré l'auteur lui-même. Ce classement rapproche le *dire* ambigu des *Cahiers* du *faire* des poèmes. Il en rend évident le caractère paradigmatique virtuel, chaque article renvoyant à tous ses analogues. Valéry ne dit pas tant ce qu'il pense d'un sujet, que ce qu'il cherche à ce sujet. Cette succession d'états présents d'une pensée en recherche, emmagasinée dans les vingt-sept mille pages du texte comme dans la mémoire d'un ordinateur, restitue dans l'unité explosante de son geste l'acte poétique que fait Paul Valéry dans ses *Cahiers*. Cette expression, autant que celle des poésies, relève du *faire*, dans la successivité, non dans l'instantanéité. C'est la réaction lente d'un orage poétique initial, prolongé durant toute une vie, et qui s'est résolu dans l'acte d'un esprit attaché à sa propre élucidation.

Ce qui classe le langage des *Cahiers* dans l'ordre du *faire*, c'est qu'il n'est pas uniquement linguistique. Il instaure une sémiologie variée destinée à favoriser ou provoquer le jeu de la pensée. À la date du 18 avril 1937, en tête d'un cahier, on peut lire : « *Ce que j'écris ici, je ne l'écris qu'à moi.* » (*C*, XIX, 883). La phrase est entourée d'une aquarelle d'un serpent en forme de point d'interrogation retourné de droite à gauche. Voilà bien le paradoxe apparent de cette écriture à soi qui s'accompagne d'un signe. Son geste singulier n'est pas le simple énoncé d'une opinion : il se figure par dessin et couleur, dans son objectivité ésotérique, vivement incitatrice, comme un mythe de soi-même indépendant du langage, image du pouvoir de l'esprit, de son pouvoir contestataire devant la création naturelle et de son pouvoir modificateur du langage, que le penseur jette comme un arachnéen réseau sur le monde au matin à l'éveil de l'esprit. Placé en tête du cahier, c'est là un signe que l'auteur se fait à lui-même, celui de l'incitation permanente qui préside à l'écriture quotidienne des *Cahiers*. Sans doute la confiance de Valéry en l'importance de ses notes et l' « obstinée rigueur » sont-elles au principe de son acharnement. Mais il est un rituel de cette écriture : le matin, 5 heures, le café, la cigarette, la table, comme une entente précise des conditions existentielles de cette fécondité devenue habitude. « *Tout à coup, je* VOIS *cette table où je m'installe chaque jour... [§] Il y a 40 ans qu'elle porte mes mains, ces éternels cahiers, et mes petits ouvrages, de leur commencement à leur achèvement.* » (XXII, 886-7). À quoi on peut joindre toutes les prises de conscience de ce geste fondateur, relevées par J. Robinson sous la rubrique « Les Cahiers » dans son édition thématique. Ce sont autant d'appels aux puissances égotistes d'un génie qui consiste, comme le dit admirablement Valéry, à s'asseoir à sa table de travail tous les matins.

Aux dessins, il faudrait ajouter les schémas et les formules qui sont traductions dans d'autres langages, et variations éidétiques permettant de mieux voir ses puissances, ses secrets : « *Poïétique [§] L'hexagone [§] Le premier qui a tracé un cercle, l'a divisé par son rayon, a joint ces points et vu apparaître l'hexagone convexe, puis l'étoilé, a eu le choc d'une révélation...* » (*C*, XXIII, 562-3). Telle doit être l'efficace des spectaculaires formules mathématiques rencontrées dans les *Cahiers* : moins pour *dire* un résultat que pour le chercher, non seulement parce qu'elles imposent la rigueur mathématique, mais parce qu'elles font voir avec d'autres yeux, transforment une rêverie ou un hasard en événement intellectuel.

De même d'ailleurs pour les traductions en mauvais anglais, qui étonnent chez Valéry comme chez Stendhal, encore que chez ce dernier le souci cryptographique ne soit pas à écarter. C'est un jeu de l'esprit, un sursaut des puissances égotistes : une grimace au miroir.

L'écriture des *Cahiers* comporte aussi des incitateurs. D'abord les rubriques mises parfois en tête des notes (Ego, Eρ, θ, An. Situs, φ...) ou les dates parfois (« conversation avec Borel —

Samedi 17.1.(1925) ») ainsi que les titres des *Cahiers*. On rencontre des noms propres de penseurs ou de poètes : Mallarmé, Poe, Léonardo, Wagner, Poincaré, Gide... Également des noms d'œuvres de Valéry : *Monsieur Teste, Narcisse, La Jeune Parque*, « " *Mon Faust* " », « Le Solitaire »... Des noms d'œuvres d'autres auteurs, tel le *Journal* d'André Gide, à sa publication, pour s'en démarquer.

Quant à la teneur des notes, il est bien connu que celles-ci ne disent pas les ana de la vie personnelle. « *Je n'écris pas " mon journal " — Il m'ennuierait trop d'écrire* CE *que je vis d'oublier* [...]. *J'ai noté seulement des " idées " — ou plutôt — (en général) des* moments *particulièrement simples, ou particulièrement neufs ou particulièrement féconds-en-apparence, qui se produisaient " en moi " »* (*C*, XXIII, 8). Que veut-il faire ? « *Essais, Esquisses, Études, Ébauches, Brouillons, Exercices, Tâtonnements* », lisait-on en 1903-1905 (III, 339) comme programme. « [...] *je n'écris pas mes " opinions " mais j'écris mes formations* [...] *j'écris ce qui conduit — " On ne saurait mieux s'écarter du simple dire ". Qu'est-ce donc que je fais ?* [§] *Je ne fais en somme que redessiner ce que j'ai pensé de première intention. Et ces cahiers sont des calques snccessifs.* » ([1939] XXII, 156). Ce sont des approches d'un possible qui se dérobe quand il se réalise, des intentions d'entraînement parfois. C'est aussi un *faire* sans intention : « *J'écris ces notes, un peu comme on fait des gammes — et elles se répètent sur les mêmes notes depuis 50 ans. Et je les écris* [...] *ainsi qu'une araignée file sa toile sans lendemain ni passé, ainsi qu'un mollusque poursuivrait son élimination d'hélice — ne voyant pas pourquoi ni comment il cesserait de la sécréter, de pas en pas.* » (XXIII, 387). Il considère son cas comme « *opposé à celui de la plupart des esprits et au contraire tout à fait général et zoologique* ». En quoi l'écriture des *Cahiers* relève à l'évidence du *faire* et non du *dire*.

C'est un acte de saisie de l'esprit par soi dans le langage. Au départ ce n'est pas une œuvre. Et il faudrait la reprendre en une œuvre pour le public. « *À publier un jour cette recherche, mieux vaut le faire dans la forme : j'ai fait ceci ou cela. Un roman*

si l'on veut et si l'on veut une théorie. [§] *La théorie de soi-même.* »
([1897–1899] *C*, I, 276). C'est un peu le genre du « Traité »
cher à Gide qui est envisagé pour une éventuelle publication.
Et il est vrai que *La Soirée avec Monsieur Teste* en reste la réalisation la plus improbable. Le projet conduit à « Gladiator »,
qui ne sera jamais rédigé, mais qui éclatera en œuvres conjointes
avant de coïncider finalement avec les *Cahiers*. « *Œuvre d'art
faite avec les faits de la pensée même.* » (765). C'est assez bien
définir le roman moderne, avec sa mise « en abyme », mais où
l'élément « en abyme » aurait pris toute la place, éliminant l'œuvre
littéraire effective.

Valéry a maintes fois tenté de définir cet acte fondateur.
« [...] *au petit jour, entre la lampe et le soleil, heure pure et profonde,
j'ai coutume d'écrire ce qui s'invente de soi-même.* »[6]. Il semble
que la personnalité du penseur ne soit qu'un lieu de rencontre
des idées, et que l'invention s'ordonne toute seule par le jeu
d'une combinatoire. Dans la lettre au R. P. Rideau (1943),
il parle de « *deux à trois heures de manœuvres intérieures* dont
j'ai physiologiquement besoin » (*Œ*, II, 1504), et aussi de « *ce
temps que je m'accorde, ou plutôt que je livre au hasard des événements de l'esprit qui s'éveille, et qui se trouve aujourd'hui plus
sensible à tel ordre d'idées qu'à tel autre* ». Le *faire* est ici traité
d'une manière objective, dans un milieu pourvu d'une sensibilité intellectuelle qui engendre une attraction mutuelle des
idées. Même description physiologique d'un « écoulement »
nécessaire, c'est-à-dire d'une fonction naturelle, indépendante
de la volonté dans « Propos me concernant » (1944, mais anté-
rieurement dans les *Cahiers*) : « *Je suis positivement malade
tout le jour si je n'ai pu, à peine réveillé, pendant deux heures
environ, me laisser* FAIRE *par ma tête.* » (1526). M'abandonner
à ma tête sans doute, mais afin de « faire par ma tête », si l'on
ose dire, au sens technique, avec cette machine de merveille,
douée d'une mémoire comme un ordinateur, mais capable de
façonner des concepts. Ce n'est plus l'arrangement sémiotique
du vers, avec ses mots marqués et les connotations ou renforce-
ments harmoniques des variables phonétiques et sémantiques.

C'est, sous le langage ordinaire, la fabrication d'un autre langage, par définition et adéquation plus précise des notions aux lois et procédures de la pensée, qui fonctionne précisément et s'observe en élaborant ces notions. C'est, avant leur expression dans l'usage, l'arrangement sémantique des idées dans le langage. Il est alors un hermétisme des *Cahiers*, tout différent de celui des poèmes. Il ne se situe plus dans l'opacité d'un langage surchargé d'effets, mais dans la cruelle évidence des idées claires. C'est une sorte de vertige des possibles, un appel du désert de l'esprit, qui fait apparaître des rapprochements infinis dans la nébuleuse du savoir, toujours en voie de réalisation dans la combinatoire intime, comme un génotexte toujours remis en question, malgré ses formules prestigieuses, par le dérobement des origines et des fins que l'existence met au centre du Moi comme ses pôles. Ainsi s'observe que cette langue si pure, si propre à Valéry, apparemment si peu chargée d'effets, ne se contente pas de *dire* un sens, mais montre l'esprit dans son perpétuel effort pour le *faire*.

3) COMMENT « DIRE » PEUT-IL DEVENIR « FAIRE »

Il s'agit d'expliquer la pratique de Valéry et d'en montrer la portée. Montrer non seulement sa valeur de texte fictivement « performatif », mais bien davantage — et sans la moindre injonction ni recours au pathétique — normatif. Valéry ne dit pas ce qu'il sait, mais ce qu'il cherche. Et, le disant, il le fait. Les plus belles découvertes du monde intérieur — et celles de Valéry sont du nombre —, ne sont pas seulement l'explication de tout le latent de notre condition et qui gît sous le triple sceau de la culture, du langage et de la physiologie : ce sont celles que l'être crée par son acte comme le mollusque sa coquille, en le reprenant à l'informe. Et si Valéry entraîne l'esprit à la lecture des *Cahiers*, c'est qu'il se place au fondement indiscuté de toute morale qui est l'exemple. Ainsi la valeur de Valéry trouve-t-elle sa meilleure justification dans la notion d'expérience, sur laquelle se fonde toute la recherche des *Cahiers*, elle-même fondatrice de toute l'œuvre.

C'est en suivant la rubrique « Poïétique », de l'édition thématique des *Cahiers* qu'on voit le mieux comment Valéry explique sa pratique. Il invoque naturellement sa particularité irréductible et l'acte fondamental de son être :

J'ai tendance à juger instinctivement des œuvres de l'homme par l'idée de l'effort d'accomplissement par moi qu'elles me suggèrent. Mon « esthétique » comprend toujours un jugement poïétique.

Que faire d'une montagne ? Je me plains souvent à moi-même de ne pouvoir jouir d'une chose sans qu'il s'y mêle une tentation d'en *faire* quelque autre chose. Peindre — analyser — assimiler, au sens biologique = se nourrir de...   (*C*, XXVI, 209)

Pour lui la pensée vivante n'est pas dite, mais engendrée : « *La forme fait l'idée organique.* » (*C*, IV, 359). Il faut préalablement remodeler le langage : « *On ne fait œuvre pure et rigoureuse avec le langage que par l'artifice de suppressions, de définitions nouvelles, secrètes, de spécifications qui forment un nouveau langage dans l'ancien.* » (361). L'œuvre est faite de sacrifice, constate avec étonnement l'écrivain : « *Vais-je me condamner à ne sentir que ce que je sais exprimer ? Je ne me reconnais pas dans ce chef-d'œuvre. Je ne l'ai fait que par impuissance. Il n'est bien mesuré que par ma petitesse.* » (452). « *— Chef-d'œuvre, une merveilleuse machine à faire mesurer toute la distance et la hauteur entre un bref temps et une très longue élaboration [...] ; entre ce qu'il a fallu et faudrait pour faire — et ce qui dans un coup d'œil, dans un contact se donne. [§] Perfection, pureté, profondeur, délice, ravissement qui se renforce soi-même.* » (630). Évidemment le *faire* opère avec toute la patience obstinée des architectes et des techniciens. Ce n'est pas son moindre mystère que de suppléer par le travail les élans de l'intuition poétique. Il varie avec la qualité de l'écrivain :

Par le mélange de mots très ordinaires, l'écrivain sait accroître le monde exprimé.

Il n'ajoute ni un mot ni un objet, mais transforme un sentiment vague que j'ai — (et sans lequel je ne comprendrais pas) — en un dessin, en un fait articulé.

Il fait ce que je fais en ce moment même.
En lui les mots sont plus libres que dans les autres. Leur rendement plus grand. Le même mot entre par lui dans dix combinaisons tandis qu'il n'en fait qu'une au moyen de vous. (*C*, IV, 635)

Valéry, sans le nommer, reconnaît l'*excès* en quoi consiste l'existence poétique : « *Écrire : vouloir donner une existence, une durée constituée, à des phénomènes du moment.* [§] *Mais peu à peu, par le travail, ce moment même se fausse, s'orne, se fait plus existant qu'il n'a jamais pu être.* » (*C*, IV, 912). L'analyse du travail permet de voir comment opère l'illumination poétique dans le créateur. Valéry ne rapporte pas le faire à un homme : « Qui *a fait ceci* — ? — *Non*, quel Homme, quel nom — *mais quel système, ni homme ni nom, par quelles modifications de lui-même, au milieu de quel milieu s'est séparé de ce qu'il a été pour un temps.* » (V, 88). Le faire ne consiste pas tant à trouver des solutions qu'à « *créer le problème* » (142) en prescrivant les conditions de sa tâche. L'émotion est inutile au poète et à l'artiste : « *On ne fait pas de bons vers avec un bon cœur.* [...] *On ne fait pas une voûte avec des émotions mystiques.* [...] [§] *Un architecte malin a senti l'effet et s'est efforcé de l'accroître.* » (VI, 269). Il est un entraînement à la création :

À travers tant de tâtonnements et d'erreurs qu'il se reconnaît à lui-même, ce que cherche pourtant l'écrivain c'est enfin l'état dans lequel il puisse se laisser aller, le jour de céder à son cœur.
Il y faut un travail du diable !
On ne peut se donner carrière qu'après un fameux dressage, et atteindre la joie de fonctionner et de dépenser enfin son énergie utilement que lorsque la machine est construite. Machine — c'est à dire gênes, liaisons, empêchements aux pertes, aux vibrations parasites, aux « libertés » inutiles.

(*C*, VI, 628)

Le *faire* consiste en somme à élaborer, avec des conditions esthétiques, la loi d'existence de l'objet à créer. C'est une machine intérieure faite de capacités. Valéry cherche à obtenir que la lenteur du travail donne au *faire* l'instantanéité du *dire*. C'est cet état créateur qu'il tente de rejoindre chaque jour dans ses

« notules ». Il y dit ce qu'il a tout fait pour avoir le pouvoir de le dire. Par cette conquête de puissance créatrice, l'artiste et le penseur arrivent à se dépasser : « *Le plaisir littéraire n'est pas d'exprimer sa pensée tant que de trouver ce qu'on n'attendait pas de soi.* » (*C*, VI, 783). Cette liaison de la connaissance à l'activité, Valéry la nomme *Néophilosophie* :

Il faut introduire la notion d'activité ou agissement ou production — et l'égaler à l'ancienne connaissance — laquelle se trouve dépréciée — Le faire.
L'homme moderne rejetant métaphysique verbale entre dans la métaphysique en acte.
À côté — *au-delà*, etc. de la *physique* — ce n'est point la *psychique*, ni la *théodicée*, ni la *cosmologie* qu'il place. C'est la *modification du* « *monde* » et non plus l'*explication*, non plus la *conception*, non plus la recherche du *vrai*, mais la modification du *réel*.
Tout subordonné au faire.   (*C*, XIII, 783)

À cette date de 1929, où tant de poètes sont *engagés*, on voit que Valéry ne reste pas dans sa tour d'ivoire : il se place seulement dans l'esprit, à l'origine de ce qui modifie la société et le monde. Mais le poète, et sans doute le penseur, est-il autre qu'un intermédiaire, le démiurge d'un univers de puissances et de formes en relations mutuelles ? On se demande si le comble de l'entraînement n'est pas le don de faire si bien les choses qu'elles se font toutes seules. Tel ce « Conseil à l'écrivain et surtout au poète » : « *Oriente ton ouvrage en travail vers ce qui se dessine le mieux à l'exécution, et abandonne l'idée sans hésiter pour suivre ce qui naît avec sa forme pleine.* » (*C*, XXIII, 632). Par une sorte de conquête ou reconquête artificielles du naturel.

On voit que la problématique valéryenne du *faire* semble tout opposée à celle des poètes, traditionnellement en quête d'une révélation, et particulièrement des poètes surréalistes, qui est une problématique de l'attente. Sans méconnaître chez lui l'importance privilégiée de l'attention qui prépare l'extase, et le caractère initiateur, volontaire, actif de sa poétique, il faut pourtant reconnaître que Valéry est, non moins que les autres poètes, tendu vers le dépassement de soi, comme il appartient à l'attente. C'est ce qu'on voudrait tenter de voir à la lumière de la « Poétique » actuelle telle qu'elle ressort des travaux de J. Kristeva. On sait que cet auteur, dans *La Révolution du langage poétique* [7] s'est attaché à faire la théorie et à étudier la pratique, dans les textes de Mallarmé et Lautréamont, de ce qu'elle nomme la *signifiance,* ou excès du sens en quoi consiste le « poétique ». Elle définit les voies par où s'opère cette irruption des pulsions du sémiotique dans le symbolique. Elle enseigne à reconnaître, sous un texte, le génotexte qui engendre le sens dans l'univers des possibles par le jeu des implications latentes. On s'aperçoit alors que le travail poétique de Valéry opère sur le génotexte. Il le fait par une attention consciente mais dans la perspective d'une attente ouverte sur l'inconscient, qu'il remplace par les notions de possible et d'implexe. Sans entrer dans le détail d'une comparaison qui ne manquerait pas d'être fructueuse, on voudrait examiner rapidement la signifiance de l'écriture valéryenne dans les poèmes et dans les *Cahiers.*

On s'étonne que l'artifice de la méthode, du *faire,* ne conduise pas la poésie de Valéry à la froideur. En vérité c'est un problème de rendement poétique : tout dépend du lecteur, de sa culture, de sa sensibilité au langage et de la vivacité de ses « pulsions »... Mais la sensibilité du poète Valéry qui est aussi une sensibilité de l'intellect, comme l'avait déjà remarqué J. Hytier, intervient dans le travail poétique, même si le poète ne le dit pas expressément. On ne remarque pas assez que ce travail est une mise en œuvre de la sensibilité poétique : l'auteur juge de l'effet sur lui-même d'abord, ses amis, son public. Tout ne s'élabore pas dans l'hyperbolique solitude fictive de la page blanche et de l'esprit fonctionnant *in abstracto* dans le langage. Le *faire* du poète est en quelque sorte expérimental. C'est au rendement des mots qu'on en juge. Et Valéry a pleinement conscience, comme on l'a vu plus haut, de valoir plus à ce travail. Si les mots « s'allument de feux réciproques » à la lecture, il faut que ces relations leur aient été préparées et en amorcent d'autres à l'infini. La sensibilité particulière de l'esprit valéryen se fait aisément reconnaître, dans le « poétique » de ses vers. Charles Du Bos remarquait déjà l'allant, le *glow*, de la prose de Gide quand elle traite de certains sujets, en rapport avec la sensualité. Chez Valéry ce n'est pas le cas, du moins dans *La Jeune Parque*, où ces pulsions donnent au personnage unificateur des idées de suicide. En revanche quel éclat et quelle musique dans les vers quand paraissent les thèmes valéryens : les larmes dans la nuit face aux astres lointains, le rayonnant bonheur au souvenir des ténèbres d'or dans la bacchanale de la jeunesse, l'exaltation devant le soleil qui se lève et la vague qui jaillit... De même dans *Charmes* la joie devant tout ce qui est actif : l'éveil de l'aurore, l'agitation de l'arbre, les affres du langage, la piqûre de l'abeille, la jubilation ironique du « *Serpent* », la tendresse des « *Pas* », l'épopée du soleil sur la mer à midi, la chaleur de la terre, la fraîcheur vivifiante des ondes de la mer et du vent, l'attente féconde de « *Palme* »... C'est bien la *lumière* particulière à Valéry, égotiste s'il en fut, exaltant les puissances de l'activité, de la possession de soi et de l'intelligence. Le *faire* juxtapose des éléments qui provoquent à se dire un possible privilégié du sémiotique valéryen et prépare les explosions poétiques de notre lecture. *Deus nobis haec otia fecit.*

L'Orphée valéryen est plus qu'on ne croit à l'œuvre dans les *Cahiers*. Quittant la poésie pour ses *notules*, à la fin de sa jeunesse, Valéry n'a guère fait qu'entrer enfin dans son sujet : non une une poésie de hasard, mais une poésie de recherche, de science, en peine non plus de vers, mais de ce qui permet de faire les vers. Non seulement d'exalter les puissances imaginaires de la fantaisie et du réel, mais celles de l'esprit et des lois de l'être, en les connaissant. Non plus par les possibles vagues et subits de la métaphore — encore que Valéry ait su mieux que d'autres deviner et exploiter les métaphores des scientifiques —, mais par les réalités précises et progressivement conquises des métonymies. Non pour les dire, mais pour les faire avec des mots, par un effort de conceptualisation. Et non pas dans le vague infini des possibles et d'un langage qui dit à plaisir, mais dans l'*implexe* valéryen, qui est fini, comme Valéry en a le sentiment, et dans un langage qui vise à être « performatif », à faire ce qu'il dit, à le *modéliser* en le disant, On ne remarque pas assez que Valéry n'a pas tout dit, et que sa pensée va dans un sens bien défini : celui des formes, et des lois, qui en sont les formules. Ce n'est même pas obéir aux particularités d'un inconscient : c'est rejoindre par la réflexion, c'est-à-dire par l'auto-référence du discours, l'être, l'acte, le faire de la pensée qui se dit. C'est dire ce que l'on fait en le disant. Et pour Valéry l'esprit est un essentiel créateur de formes.

Dans les *Cahiers*, on est sensible à la précision progressive de la recherche sur chaque thème. C'est ce que permet d'apprécier l'édition choisie et classée de J. Robinson. Mais l'impression demeure que ces moissons d'idées, malgré leur abondance, ne sont pas l'essentiel des *Cahiers*. D'abord, plus Valéry avance, plus il fait foisonner la recherche, ce dont témoigne la répartition chronologique des *Cahiers* : les six premiers tomes du C.N.R.S. recouvrent près de vingt-cinq années, les six derniers tout juste cinq ans. En somme plus il dit, plus il a à dire : ce qui prouve qu'en réalité il fait. — Mieux même dans l'édition complète, on voit que le texte fonctionne par la rupture : l'esprit passe de thème en thème, par une attention multipliée, la plupart du temps brève, qui s'enrichit de ses vides, comme autant d'appels à sa fonction ornementale (*C*, XI, 256-7).

À cet égard le roman contemporain, tel qu'on peut le lire dans l'œuvre d'un Claude Simon, restitue assez bien dans une œuvre littéraire une pratique sémiotique analogue. Tant, dans *La Route des Flandres* par exemple, tout l'ensemble de l'œuvre est présent dans chaque séquence comme dans l'écriture poétique ; tant le passage d'un thème à l'autre, par la rupture, est un puissant incitateur de l'esprit ; tant enfin ces signes en quête de lecteurs permettent, à l'occasion d'une chevauchée imaginaire dans la nuit, de passer en revue tous les problèmes limites de la naissance et de la mort, de l'amour, de la souffrance, de l'exil et même de l'écriture. On songe à ce qu'écrivait Valéry au début de ses *Cahiers* sur la présentation de sa grande entreprise : « *Un roman si l'on veut et si l'on veut une théorie.* [§] *La théorie de moi-même.* » (*C*, I, 276). Cette théorie de soi, qui avance sa procession d'idées dans le lecteur et dans l'auteur, c'est la grande aventure intérieure de l'homme moderne, restituée dans un roman limite, un roman aux frontières de l'impossible. Mais Claude Simon tend ses filets trop haut dans la généralité fictive de l'existence commune et chez un auteur dont l'expérience ne compte à peu près pas. Valéry au contraire cherche dans la particularité d'une expérience exceptionnelle, dont les thèmes sont ceux-mêmes de la vie de l'esprit : *Ego*, Gladiator, C.E.M. (c'est-à-dire : Corps, Esprit, Monde), Sensibilité, Temps, Rêve, Attention, Éros, Théta (c'est-à-dire Dieu), Bios, Poïétique, etc. Cette recherche qui se remet tout entière en jeu, comme la vie, à chaque aurore, est une herméneutique, mais aussi une poïétique, et comme Valéry l'a dit dans « Gladiator », une gymnastique. De modernes *Essais*, ou un nouveau *Discours de la Méthode...*

Il n'est pas défendu de rêver en lisant Valéry, à quoi invitent surtout ses poèmes, et dans un sens profond où rêver c'est rejoindre les matrices de nos actes et de notre existence. Mais les *Cahiers* invitent, comme un rituel thaumaturgique, au rêve sérieux de la pensée, du pouvoir de l'esprit, qu'ils manifestent en de fantastiques arrière-mondes. Valéry y joue, mais à faire fonctionner ce pouvoir, afin que *dire* ne soit pas redire ou parler pour ne rien dire, mais *dire* au sens fort, qui est de plaider la cause humaine et montrer à bien *faire* l'homme.

Pour Valéry, la parole n'est pas un terme, mais une voie, au sens où il est écrit : *Ego sum vita et veritas et via*. Voilà pourquoi chez lui *dire*, c'est *faire*, dans la poésie comme dans les *Cahiers*. On s'explique qu'il ait pu dire son mot sur tant de questions extérieures à sa spécialité. Il s'en tenait à la forme, non au résultat, dans le fonctionnement de l'esprit. Aussi la vraie valeur des *Cahiers* n'est-elle pas tant le trésor d'idées qu'ils apportent, mais l'exemple d'une rigueur et une leçon d'activité. Non pas le Galion, mais le Capitaine, le Conquérant de l'esprit.

Ce mouvement d'une forme nouvelle ouvre sans doute la voie à l'art contemporain tel que le manifestent les œuvres et la poétique actuelles dans une direction sémiologique. Ces idées de notre temps sont des méthodes, des fonctions, des capacités. La littérature ne tend plus à *dire* un sens — elle est avide de tous —, mais à *faire* un geste d'approche vers les possibles de notre être, en quoi consiste l'existence.

NOTES

1. « Commentaires de *Charmes* » (Œ, I, 1509).
2. « Au sujet du " *Cimetière marin* " » (Œ, I, 1503).
3. [*Poésie et connaissance. L'œuvre lyrique à la lumière des* Cahiers]. Bonn, Bouvier Verlag Herbert Grundmann, 1976. 403 p.
4. Voir à ce propos le livre de Jean HYTIER, *La Poétique de Valéry* (Paris, A. Colin, 1953), chapitres VIII et IX : « La Théorie des effets », pp. 232–99.
5. Voir II, 1402–5.
6. « Analecta ». Avant-propos de la 1re édition (1926) (Œ, II, 700).
7. Paris, Seuil, 1974.

FIGURES DRAMATIQUES DU POUVOIR DE L'ESPRIT

par Huguette Laurenti

CE titre un peu ambigu demande peut être quelque explication. La notion de « figure » est chère à Valéry et prend sous sa plume des significations multiples. S'agissant de la composition dramatique, elle peut rendre compte du caractère très particulier que Valéry imprime à cette forme de création et des difficultés parfois insurmontables qu'il y a rencontrées.

Par figures dramatiques du pouvoir de l'esprit j'entendrai donc d'abord les formes concrètes que Valéry a tenté de donner, par le biais de la représentation théâtrale et à travers la matérialité de personnages de théâtre, à cette notion qui domine toute sa recherche, sur le plan philosophique, poétique, éthique même, et qui est celle du pouvoir de l'esprit. Les conditions très précises qu'impose la création dramatique, tant sur le plan de la représentation que dans le travail préalable à la construction d'un drame, pouvaient lui servir à mettre en évidence les problèmes et les conflits que suscite ce pouvoir de l'esprit, non seulement dans une conscience autonome, mais aussi, mais surtout dans les rapports avec autrui ; et peut-être espérait-il trouver là, tout comme dans l'exercice d'auto-analyse systématique, une possibilité d'exorciser, en les projetant dans une forme concrète et comme extérieure à lui, les hantises de ses *dramatis personae*.

Cette représentation théâtrale s'exprime, sous sa forme la plus simple, par des personnages-symboles, héros de « tragédies » ou de « mélodrames » — réalisés ou en puissance — figurant la suprématie de l' « intellect », ou de « la pensée », ou de « l'esprit »,

99

ces termes étant indifféremment employés dans les notes valéryennes. Le drame naît des problèmes que leur pose cette situation exceptionnelle. À un niveau plus complexe — et le mot *figure* prendrait alors un autre sens — la représentation du pouvoir de l'esprit est conçue comme une projection dans les multiples signes du théâtre des relations que l'esprit entretient avec les autres aspects du Moi. Il s'agit alors de constructions par jeux de symétries, d'oppositions, de dédoublements correspondant aux jeux du fonctionnement de l'esprit, comme la figure géométrique peut correspondre à des notions abstraites. Cette intention domine tout particulièrement les projets mentionnés de façon parfois très brève dans les *Cahiers*, et qui prennent souvent la forme de schémas de ballets ou de mimes ; de tels projets, qui répudient le discours pour privilégier l'expression corporelle, suggèrent d'ailleurs un autre sens encore du mot *figure* en relation avec l'organisation de l'espace scénique, et Valéry joue volontiers sur l'ambiguïté du terme.

Je ne m'attarderai pas, cependant, sur ces notations trop fugitives, dont certaines ont été par la suite intégrées à des recherches plus suivies. Je chercherai plutôt les figures du pouvoir de l'esprit d'une part dans les œuvres achevées, ou du moins publiées, et bien connues de tous, et d'autre part dans les ébauches ou les projets plus importants qui ne sont pas arrivés à exécution : je dirai même que ces derniers sont particulièrement révélateurs, parce que les recherches théoriques qui se développent à leur propos montrent bien les intentions de l'auteur et ses difficultés. On peut même y voir se définir des « types » du pouvoir de l'esprit [1] et leur situation engendrer une dynamique dramatique.

quelques figures types
du pouvoir de l'esprit

Les héros du pouvoir de l'esprit, qu'ils aient nom Orphée, Ovide ou Amphion, Tibère ou Sémiramis, Faust ou le Solitaire, qu'ils relèvent de la légende ou de l'histoire, s'affirment tous comme des succédanés de ce personnage fondamental qui ne cesse de vivre tout au long de l'œuvre valéryenne et dans l'ombre des *Cahiers*, le seul, avec le Solitaire, véritablement inventé : celui de Teste. Comme lui, tous ces personnages sont dépourvus de « bêtise », la tendance à la généralité ayant chez eux tué la particularité ; comme lui, en émules de Gladiator, ils ont acquis cette maîtrise de soi caractéristique du pouvoir de l'esprit et qui se manifeste, nous le verrons, de différentes façons, mais tend toujours, à l'intérieur du schéma fondamental C.E.M., à la domination de l'Esprit sur le Corps et le Monde. Cette exacerbation des fonctions de l'intellect, systématiquement cultivée, aboutit à une transformation du comportement par un traitement victorieux de ce que Valéry appelle « l'humain », c'est-à-dire des forces de l'instinct et de l'affectivité. La question initiale « Que peut un homme ? », inlassablement reprise jusqu'aux derniers brouillons du « IIIe Faust », produit bien moins une exaltation des possibilités humaines qu'une véritable modification de « point de vue » en correspondance parfaite avec l'originelle hantise du « Système ».

À ce point, deux remarques s'imposent. Constatons d'abord le caractère parfaitement utopique de ce genre de personnage. Valéry le reconnaît lui-même, et cela n'est d'ailleurs pas forcément gênant du point de vue théâtral : une certaine schématisation, une réduction à quelques types extrêmes de fonctionnement peuvent fort bien, au contraire, convenir au théâtre. La fable y tisse volontiers son univers imaginaire. On peut même penser que ce caractère utopique, qui place le « héros » hors du temps, permettait la projection sur la scène d'un mythe personnel dont tous ces personnages seraient les mouvantes figures : revanche en quelque sorte sur le réel, où l'expérience fut, on le sait, beaucoup moins réussie et, en tout cas, sans cesse remise en question.

Il faut en second lieu constater qu'un tel personnage s'accorde mal avec la conception qu'on peut se faire du personnage dramatique dans une dramaturgie traditionnelle. Teste, qui est le modèle initial, présente au plus haut point une tendance à la négation et à l'immobilisme qui est tout à fait anti-dramatique. Valéry, dans sa réflexion sur la « psychologie » de ses héros, butte constamment sur cette carence. Quand, dans son système dramatique, il définit le personnage et la situation dans laquelle il se manifeste, il constate que ni l'un ni l'autre ne peuvent exister sans un mouvement dynamique, sans un conflit, sans des échanges et transformations d'énergie. Or, le Teste de la *Soirée*, étant pris dans son état de perfection, n'est en lui-même absolument pas dramatique, du moins dans l'optique valéryenne, qui demeure relativement classique sur ce point. Il le serait peut-être dans celle d'auteurs plus résolument originaux, comme Marguerite Duras ou Nathalie Sarraute, chez qui la dynamique des situations et des conflits de personnages est remplacée par une dynamique de l'intériorité, d'une qualité différente et beaucoup plus ambiguë. Valéry, dans le contexte qu'il s'était donné, aurait pu l'envisager. Il ne le fait pas, et c'est pourquoi sans doute *La Soirée avec Monsieur Teste* se présente sous la forme d'un récit — le premier « nouveau roman » peut-être —, parce que ce ne pouvait être non plus un récit ordinaire, mais de toute façon un récit dépourvu de drame, de par la structure du personnage en question [2].

Conscient du problème, Valéry recherche d'une part un élément moteur sur lequel pourra se fonder la dynamique intérieure du personnage susceptible de faire surgir des conflits, et d'autre part des variations possibles, plus ou moins conflictuelles également, de ce type. Ces variations se ramèneront d'ailleurs tout naturellement à un certain nombre de figures-types, et nous y retrouvons le goût de Valéry pour les systèmes à variantes [3].

Ces considérations nous permettent de mieux cerner les diverses incarnations du pouvoir de l'esprit que Valéry a pu concevoir pour la scène. J'en dégagerai aujourd'hui trois principales, ne pouvant m'attarder sur des formes plus fugitives ou plus subtiles qui ont aussi leur intérêt.

Je placerai en tête, par ordre de préséance comme par ordre

chronologique, la figure mythique par excellence du pouvoir de l'esprit représenté en la personne du poète. La première conception dramatique de Valéry est Orphée, très vite sorti du poème primitif (celui du « Paradoxe sur l'architecte », si plein de résonances wagnériennes) pour devenir le héros d'un projet de ballet dont Debussy eût écrit la musique. Par la suite, Valéry travailla au projet d'une pièce qui aurait préfiguré les « mélodrames liturgiques », pour aboutir, comme l'on sait, à *Amphion*, sorte de réduction, enfin réalisée, du drame initial. L'esprit se manifeste en action dans ce personnage du poète. Ici, Valéry commence à découvrir un jeu d'opposition conflictuelle : le poète, c'est un « charme » qui opère par la magie du non compris et aboutit à un effet de communication d'ordre supérieur, qui se complète, chez le personnage même, d'un effet de plénitude. Mais cette élévation et cette plénitude sont aussi transgression et rupture par rapport au monde humain qui entoure le héros et aux contingences dont le vivant qu'il est, est construit.

Cette antinomie constitutive est particulièrement développée, avec ses incidences dramatiques, dans le personnage d'Ovide, qui durant les années 1917-1918 a beaucoup intéressé Valéry, et qui, entre Orphée et Amphion, marque peut-être le besoin d'ancrer ce type de héros dans une ébauche de réalité historique. Poème d'abord, puis très vite drame du poète parmi les barbares, « Ovide chez les Scythes » fait l'objet d'une étude « psychologique » d'un nouveau genre. Un espace typiquement valéryen — l'arbre, la nuit — se définit d'abord, à la fois concret et spirituel, dont les connotations multiples apparaîtront dans le discours du personnage. Ovide est seul « sous un hêtre, la nuit », et sa situation est ainsi résumée :

Plénitude de son être, et de sa puissance
Communion mais possession de soi —
   Et personne à qui le dire.
Je sais ceci et cela ; et les métamorphoses —
[...]
Le poëme en puissance doit passer en acte —
   Ce mouvement est le sujet du poëme

Mais ce même poëme qu'est-il pour le Barbare ?
Moins que rien — Un tissu de sons ridicules.

(Chms, II, 3)

Suit l'analyse de ce pouvoir qui est donné au poète, et qu'Ovide incarne. Tout Valéry est là, dans cette page où on le voit passer du désir de transcrire dans le poème l'analyse même de sa genèse (ce qui fut, d'une autre manière, « l'autobiographie dans la forme » de *La Jeune Parque*) à l'intention de « représenter » cela, moins par une figure concrète qu'en posant la relation complexe de son personnage avec le monde et avec lui-même. « *Ce n'est pas le décor, la figure, ici, qu'il faut imaginer. Mais le système '' complexe '', résonateur.* » (*Ch*ms, II, 3). Cela ne se fait pas, toutefois sans référence à des signes concrets, devenus eux-mêmes « résonateurs » : à la nuit qui l'enveloppe font écho les « nuits obscures » du poète, devenu, comme l'espace ouvert sur l'infini où il se trouve, « le lieu des grands échanges », figurant, sous le hêtre avec lequel il fait corps, « l'arbre humain siège de la circulation ».

À la page suivante Valéry se demandera : « *Est-ce une pièce — en prose ?* » (*Ch*ms, II, 3v°). La référence à Job, dans cette même note, évoque, en opposition au charme, à l'harmonie que suscite le poète, cette incompréhension dans laquelle tombe le langage inconnu, et la solitude amère qui s'ensuit. Un brouillon plus explicite ébauche un dialogue de la non-communication, où apparaissent à la fois l'isolement tragique du poète et son pouvoir :

Il déclame (Vers solennels)
(Un Scythe —) C'est drôle ! (On rit)
Il déclame —
Un Scythe : c'est étrange — Quel langage — Il y a là q(uel-)q(ue) chose de magique. Peut-être jette-t-il un sort sur les bêtes ! —
Un autre — Il me semble comprendre — Je ne sais de quoi il parle mais je sais que cela touche à ce qu'il y a de plus beau.
Cela touche comme les choses sans parole — Je n'entends pas ce que veulent dire les vagues ni les arbres — mais je m'entends et je crois quand ils font leur musique au propre aveu de moi-même indivisible — [4]

Divers : Ce n'est pas sérieux — Celui-ci se moque de nous — Si on le tuait ? — Si on le faisait boire ? — Il est beau à voir — C'est un insensé — Il est puni des Dieux comme de César — Il veut nous vendre quelque chose ! — Conduisons-le aux anciens — Il veut nous faire croire... — Un démon parle par sa bouche — Il commande à la pluie... Etc. —
Et maintenant, leur dit-il, — c'est maintenant qu'il ne faut pas comprendre !   (*Ch*ms, II, 7)

Cette solitude, qui est aussi celle d'Orphée, sera matériellement exprimée dans *Amphion* par les effets lumineux qui isolent l'être « choisi » par Apollon, puis par l'élan du Peuple qui l'invite à monter au Temple que sa lyre a construit, mais également par l'étrange figure qui, l'acte accompli, l'enveloppe, jette la lyre et le soustrait aux acclamations. C'est par là que le personnage prend une épaisseur dramatique : par ce jeu d'intériorité — la conscience qu'il a de son étrangeté — mais aussi concrètement par son isolement face à une masse de figurants subjugués ou hostiles. L'ambivalence de la figure — incompréhension d'une part, communion/communication d'autre part — est déjà exprimée dès la première page de ces études pour « Ovide chez les Scythes » par l'assimilation du poète à l'arbre.

Cet arbre sous lequel il est et dont le bruit le rattache à sa patrie — mais patrie ambiguë, Italie spirituelle. — *Autre part* toujours est le génie !
Cet arbre qui veut partir mais faussement : Tempête ancrée dans la terre ; — débat   (*Ch*ms, II, 1)

Un même personnage se développe donc successivement à travers Ovide, Orphée et Amphion, ce dernier constituant, par rapport aux deux projets non réalisés, une sorte de synthèse, une réduction définitive au « type » soumise aux nécessités concrètes du théâtre. La poésie s'affirme en lui comme musique et construction, ordre imposé au désordre, et par là pouvoir spécifique de l'esprit humain opposé à la force brutale dont la figure antithétique se retrouve auprès de chacune de ces créations : ce sont les animaux que charme Orphée, les furies infernales qu'il enchante, le double sauvage (son frère peut-être selon la légende) que terrasse Amphion à son entrée en scène, les Barbares parmi lesquels chante Ovide. Ce qui apparaît ici comme particulièrement moderne c'est que, d' « Ovide chez les Scythes » à *Amphion*, le sujet de la pièce est la mise en représentation de ce chant, de sa naissance, de son pouvoir, ainsi que de sa relation au corps et à la voix qui lui donnent une existence concrète.

Une deuxième figure allie le pouvoir de l'esprit au pouvoir temporel : c'est la toute-puissance au service de Gladiator, représentée par les deux personnages de Tibère et de Sémiramis. « Tibère ou la Raison couronnée » décrit l'expérience d'une analyse rationnelle poussée jusqu'à l'extrême — la question de Teste : « Que peut un homme ? » lancée à l'histoire. *Sémiramis* reprend, dans un registre plus fabuleux et dans la schématisation symbolique du « mélodrame liturgique », un semblable itinéraire vers l'absolu du pouvoir de l'esprit. Chez l'un et l'autre héros l'exercice du pouvoir fournit un adjuvant de choix au mouvement de l'orgueil triomphant, mais aboutit au vide autour du personnage : Tibère supprime tout ce qui s'oppose à sa volonté de puissance, Sémiramis tue également (« *Sémiramis est pure... Elle a tué* » ; I, 194) et sa phase féminine, la scène du Lit, n'est encore que l'affirmation de son pouvoir dans un jeu de soumission qui s'achèvera par la mort de l'Homme. À la dernière étape, celle de la Tour, elle aspire à n'être plus que « *domination toute pure* » (195), « *créature de l'esprit* », et par là « *divine* » (196).

D'un autre côté, comme pendant à cette solitude volontaire — très différente de celle du poète — se déploie la terreur dans le tragique engrenage de sa réciprocité. Consciente et dominée chez Sémiramis face aux rois captifs, à l'Homme et aux Astrologues, elle est, chez Tibère, la peur que sème son exercice effréné de la maîtrise de soi et qui finit par s'emparer de lui-même, engendrant la « catastrophe », ce point limite vers lequel tend la carrière du héros.

Catastrophe. Sa peur — Sa peur épouvante le monde. Il cède à la crainte — (ms non classé)

« L'Enchanteur » est devenu « le Corrupteur », puis « l'Épouvanteur » (*C*, II, 405). Valéry le range parmi les « *divers* pianistes *de la substance humaine* », qui connaissent les « *limites de leur toucher* ». La dynamique du drame se situe au niveau de ces jeux d'oppositions. Il est à remarquer d'ailleurs que tous ces éléments présentent un caractère ambivalent. Le personnage s'affirme libéré de l'humain et tendant à n'être qu'esprit, selon le vieux rêve cartésien de s'égaler aux dieux. Mais cette accession au divin, qui est bénéfique et positive pour les uns (c'est ici l'aspect angélique, pourrait-on dire, du thème qui apparaît, tel qu'il se concrétise par exemple dans une sorte de Daimon féminin passant dans les feuillages auprès d'Ovide, figure que les Muses d'Amphion reprendront sous une représentation beaucoup plus traditionnelle) cette accession se révèle au contraire pour les autres contraignante et négative, prenant dans ses représentations un aspect démoniaque : c'est l'élévation glacée de Tibère dans son « *empire de mots et de méditation* » (*C*, II, 332), qui préfigure celle du Solitaire, ou l'assimilation de Sémiramis au serpent. Ainsi, dans ces deux séries de personnages, l'action de l'esprit se manifeste tantôt d'une façon constructrice (le chant, l'architecture), tantôt d'une façon destructrice (la mort, le refus de l'amour). Sémiramis représente peut-être la synthèse la plus complète, étant à la fois la reine bâtisseuse, la guerrière cruelle et la colombe renaissante issue des amours solaires. De toute manière, cette aventure inouïe débouche sur la solitude et « l'inhumain ».

Une note sur Tibère reprend l'antinomie latente dans Teste de l'humain porté jusqu'à sa dernière limite — qui est la maîtrise parfaite de toutes choses par l'esprit — et du « monstre » qu'un tel être devient pour les autres [5] :

> Le poème du gouvernement de soi et des autres
> Maître de moi comme de l'Univers —
> L'apparence de cette vraie grandeur est détestable
> Monstre est dit qui l'assume entièrement.
> Mais là comme en d'autres domaines le plus grand est le plus libre
> — celui pour qui l'essentiel n'est pas où les autres le placent.
>
> (manuscrit non classé)

De même, telle note des *Cahiers* insiste sur l'inhumanité angélique d'Ovide, le poète séparé :

Orgueil et désespoir — Orgueil, car il est plus seul, plus soi. Il est comme les essences (intelligences) séparées de la Théologie, comme les anges qui sont chacun seul de son espèce.

(*C*, VI, 570)

L'un et l'autre représentent la forme extrême de ces personnages fermés sur leur Moi, soit isolés et rejetés par les autres, comme le poète, soit s'isolant et rejetant les autres de propos délibéré, comme les êtres de pouvoir.

Cela nous amène au troisième type de représentation du pouvoir de l'esprit, celui qui figure l'accès au « Moi pur », et qui trouve son incarnation dans le Solitaire. Il s'opère ici un retour à l'imaginaire, à la fable valéryenne par excellence. Suprême avatar de Teste (cette identification est notée dans les brouillons de l'Acte III), le Solitaire pose le problème essentiel, ou du moins le suppose : l'exercice d'analyse systématique par lequel s'affirme le pouvoir de l'esprit — cette continuelle chasse aux « perroquets », cette reprise permanente de l'activité critique — permet-il d'accéder à la synthèse idéale que représente au départ la figure de Teste, ou débouche-t-il sur le vide et l'auto-destruction ? Cette idée était déjà en germe dans le projet d'Ovide, présenté comme l'esprit créant analysant son processus de création :

Le sujet vrai de ce poëme est précisément son propre mode de formation.
... Mais si j'y pense assez à fond pour trouver le « principe » — je ne ferai pas le poëme. Il sera tué du coup.   (*Ch*ms, II, 2)

La réduction idéale à « l'invariant » parfait qu'est le « Moi pur » ramène à une néantisation de l'esprit lui-même :

> Je suis ta pureté — ton *refus*
> la victoire sur tout ce qui se sent et qui se pense...
> Ton étincelle d'éternelle opposition,   (*MF*ms, IV, 95)

dit le Solitaire à Faust. Mais ce maître des « Harmoniques », proche par là d'Ovide le poète, est aussi l'homme-loup.

Notons que tous ces héros se situent, comme par nécessité, au niveau du mythe, mais qu'en même temps ils comportent aussi leur propre démythification — sauf dans les deux « mélodrames » où leur caractère « liturgique » est nettement accusé. Leur figure est en quelque sorte à l'image de l'ambition qu'elle dépeint. Cette démythification s'opère soit par auto-analyse, comme chez Ovide ou Orphée, soit par dépassement du discours mythique dans une fiction théâtrale paradoxale qui devrait être particulièrement sensible à la représentation : l'immobilité tragique de Tibère, reflet de celle de Teste, exprime la néantisation du théâtre même, qui est mouvement, alors précisément que le personnage est donné constamment en représentation, jouant lui-même et se jouant des autres. De même, et en sens inverse, la gesticulation grotesque du Solitaire et ses hurlements de loup-garou néantisent l'homme au profit d'une sinistre marionnette, produit théâtral à l'état pur. J'ai dit ailleurs que je voyais dans ce personnage une référence à Jarry, une sorte d'équivalent antithétique du « monstre » ubuesque. En effet, si Ubu figure la « bêtise » au pouvoir, des types théâtraux comme Tibère et surtout le Solitaire figurent, dans deux registres différents — celui de l'histoire et celui du mythe personnel —, l'intelligence au pouvoir. Mais les uns et les autres affichent la même brutalité, le même caractère « anormal ».

Parce qu'il est une projection imaginaire du « monstre » pur intérieur, le Solitaire pose le problème de la représentation de l'absolu au théâtre, de sa nécessaire matérialité qui ne peut s'exprimer que par rapport aux autres et par référence à la vie. Le Moi pur, son unicité, son caractère absolu et dévorant, ne prennent une consistance — à la fois tragique et grotesque — que par rapport à ce double charnel qu'est Faust, le Moi humain, vivant, complexe, réel, ou du moins donné comme tel.

On aborderait alors d'autres personnages plus complexes, qui forment une autre figure encore du pouvoir de l'esprit en le situant dans un contexte plus variable et plus humain, que ni le charme poétique, ni la toute-puissance temporelle ne leur permettent de transcender complètement. À travers eux est représenté un autre rêve valéryen, celui de la « sagesse » et du savoir : il s'agit de l'homme le plus complet possible et le plus conscient possible, c'est-à-dire conscient à la fois de ses pouvoirs et de ses limites. On décèle peut-être là une image plus directe du drame vécu par Valéry lui-même, qui façonne ainsi, parmi ses *dramatis personae*, deux figures d'un nouveau mythe. Leur résonance à la fois sociologique et personnelle lui permet de les implanter dans la société moderne, soit par des allusions, soit par une fiction théâtrale, sous les traits de Faust et du Médecin.

Leurs rôles sont sans doute bien différents, Faust étant le héros même du drame des éternels recommencements, et le Médecin le témoin actif de la tragédie qui se joue autour de Stratonice, tragédie dont il doit démêler les fils [6]. Pourtant tous deux possèdent l'ascendant du savoir ; et si Faust est savant, comme le Médecin, celui-ci, de son côté, possède ses secrets et se révèle, au moins pour ceux qu'il assiste, quelque peu magicien. Un « Tableau de la Vie », dans le dossier « Stratonice » [7], montre l'étendue de son champ d'action et le pouvoir qu'il peut exercer sur les corps et sur les esprits. C'est sa sagesse qui révèle aux autres l'unicité de la nature humaine, mais aussi le pouvoir du Corps sur l'Esprit, qui marque la limite du pouvoir de l'esprit.

De tels personnages, parce qu'aucune formule simple ne peut les résumer, apportent dans l'action où ils sont engagés comme acteurs ou comme témoins, une diversité proche de la vie. Entre les faiblesses de l'humain et l'insensible pureté de l'esprit tout-puissant, ils sont au centre du conflit primordial, dans ce nœud de relations contradictoires de l'esprit avec ce qui n'est pas lui. Il est possible, même s'ils aspirent, comme Faust, au triomphe de l'intellect, de faire apparaître en eux ce fonctionnement psycho-physiologique auquel Valéry voulait donner sur la scène un langage nouveau, d'en faire les figures de la conscience active aux prises avec ce qui hors d'elle est tout l'homme : la douleur, l'amour, la mort.

Cette ambition est celle des premiers essais de théâtre, qui sont loin de n'être que des projets formels. Elle est très explitement incluse en particulier dans le projet d' « Orphée et Eurydice », dont on sait combien il serait de près l'aventure personnelle. Une note des *Cahiers*, contemporaine de ce projet, le montre bien :

Le conscient se fait momentanément un arrêt, et il observe le mouvement des autres ou celui qui l'entraînait. Il voit en mouvement ce qui lui paraissait repos. *Il considère sa colère qui vient de tomber*, il ne se reconnaît plus : ce passionné fou était moi ? Ces forces ? Il se soustrait, ou plutôt il est soustrait aux « forces » naissant de la situation.
Il n'aime plus, il ne veut plus, etc.
Il suffit, pour cela, d'une abolition des associations psycho-cardio-organiques, ces relations bizarres qui font la foi, l'amour, les fureurs, etc. en annexant énergétiquement et irrationnellement les images aux appareils vitaux essentiels. Être conscient, c'est la coupure de ces liaisons. (*C*, VII, 848)

L'un des drames de Faust, qui s'ébauche dans les brouillons du quatrième Acte de « Lust » — dont on sait combien ils reflétaient une expérience vécue — sera précisément d'avoir trop bien dressé tout son Moi à ne plus aimer.

une dynamique du pouvoir de l'esprit

L'étude de ces personnages et de leurs relations avec leurs comparses permet ainsi de dégager un schéma dramatique où s'inscrit la courbe dynamique du pouvoir de l'esprit. La progression du drame se fait en raison de la volonté de puissance affirmée par le héros, de sa maîtrise à l'égard des événements et de lui-même, des obstacles qu'il trouve sur sa route et de ses réactions. L'accidentel y a sa part, ce « hasard » dont Valéry redit constamment la nécessité, mais que l'action de l'esprit et son pouvoir de prévision tendent sans cesse à réduire.

Cette dynamique peut prendre des formes différentes, qui se ramènent finalement à deux, que j'examinerai aujourd'hui. Elles dépendent de la situation initiale du personnage, et de la manière dont il réagit. Elles peuvent d'ailleurs se trouver combinées dans une même pièce, ce qui rend plus riche la tension dramatique.

Le schéma le plus simple — et le plus attendu — est celui d'une dynamique ascensionnelle : la parabole en serait la représentation idéale. C'est le mouvement vers lequel tend constamment l'esprit dans l'exercice de son pouvoir, le moteur en étant l'orgueil ; le « juste orgueil » qui s'affirme chez tous ces personnages et dont l'éloge revient souvent dans leur bouche.

Le héros construit son œuvre de création (Orphée, Ovide, Amphion) ou son pouvoir tout-puissant (Tibère, Sémiramis) et il semble que rien ne puisse l'arrêter. Il suit donc une ligne ascensionnelle, jusqu'à la « fin » — que Valéry entend au double sens du terme — de l'action engagée. En fait, deux types de fin sont possibles ; mais toutes deux marquent une modification de la situation au moment où est atteinte une limite. Parvenu à ce seuil, le personnage se trouve en effet devant deux éventualités : l'arrêt ou le dépassement. L'arrêt, c'est la chute de tension, qui rend le héros à sa condition humaine : l'oubli, la mort. C'est la fin d'*Amphion* et cette figure énigmatique de la femme voilée par laquelle, on le sait, Valéry a voulu rompre la tension, parce qu'il ne souhaitait pas finir « *au plus haut* » (*C*, XIII, 87). C'est la mort d'Orphée — mais la tête chantant figurerait peut-être une forme de dépassement, la magie de la résurrection —, c'est la « fin » de Tibère, qui ne peut être que la mort subie après la mort si souvent donnée aux autres.

Toutefois remarquons que l'accession à la limite et la chute finale peuvent s'opérer de deux manières différentes. Dans « Orphée » ou *Amphion*, le pouvoir de l'esprit a mis l'homme au niveau des dieux, mais sa source première est en eux. Cette dépendance est particulièrement sensible pour Amphion, habité par le dieu (« *Je t'ai choisi !* » (I, 172), proclame Apollon), et dont la lyre apparaît sur la scène comme un cadeau magique. Sa liberté consistera à en tirer les sons harmonieux qui soumettront les éléments. Orphée, quant à lui, déjà possesseur de son art, fait violence par lui aux dieux infernaux et affirme ainsi sa puissance. L'un et l'autre se situent donc à l'origine dans un état d'harmonie avec le divin, et cet état cesse lorsque le dieu se retire : le départ des Muses, dans *Amphion*, marque nettement ce moment [8]. Il en va autrement pour Tibère. Ici c'est le pouvoir autonome de l'esprit, porté par lui-même à sa limite fatale, qui impose le moment de sa propre destruction. Sa liberté provocante est un défi aux dieux. La catastrophe, nous l'avons vu, naît de la peur qu'il inspire et qui le fait agir en retour, de cet état de disharmonie avec un monde d'où les dieux sont bannis et où la solitude atteint une pureté insoutenable.

Avec Tibère nous sommes au plus près de l'autre fin possible, celle du dépassement ; mais sans pouvoir l'atteindre toutefois, car Tibère se situe dans l'histoire, dans un univers de droit et de force politique qui l'éloigne du mythe auquel il voudrait s'identifier, et le renvoie parmi les hommes, au bout de son expérience inhumaine. Même la divinisation inhérente à la fonction impériale ne sert qu'à faire de lui un maître de la dérision. L'autre solution, le franchissement de la limite, n'est possible que pour Sémiramis. La reine d'Orient bascule dans la légende : c'est la projection dans l'absolu, la disparition dans un acte d'amour spirituel, l'abandon de la dépouille humaine offerte dans sa nudité couverte seulement de pierreries, qui l'identifient déjà au dieu solaire. Cet abandon est aussi métamorphose, ou plutôt re-naissance spirituelle : cela est exprimé par la fumée d'où jaillit la colombe — détail que les spectateurs de l'époque ont très mal reçu, n'y voyant qu'un ornement symbolique d'un goût douteux. *Sémiramis* est le seul drame qui finisse « au plus haut », la courbe ascensionnelle ayant été précédemment coupée par un palier, et même une retombée vers l'humain figurée par la rencontre de l'amour. Valéry a représenté sous la forme de deux sinusoïdes se coupant en deux points essentiels du drame (celui de la chute, celui de la libération définitive) cette double dynamique de l'orgueil et de l'amour [9].

Car, excepté lorsqu'elle est réduite véritablement à l'épure, comme dans *Amphion*, cette dynamique ascensionnelle ne peut être sensible au théâtre que si son parcours est jalonné de rencontres, qui sont le produit du hasard ou de l'accidentel, ou d'obstacles, qui engendrent des conflits. Une autre dynamique se dessine donc, beaucoup moins unie, beaucoup plus riche, que j'appellerai, faute de meilleur terme, conflictuelle : elle met en jeu les relations de personnage à personnage, mais aussi celles d'un personnage avec tous les autres, instaure la succession des « phases » et coupe de mouvements contradictoires la trajectoire vers la « fin ». En ce sens, l'aventure de Sémiramis participe de ces deux modes de fonctionnement — encore que la volonté de l'héroïne ait en fait décidé de l'expérience amoureuse.

Tout cela ne va pas sans poser de nombreux problèmes, qui se ramènent toujours à la question : « Comment représenter au théâtre cette dynamique de l'esprit » ? Valéry entrevoit à ce sujet, dans une note écrite à propos du problème de la figuration des anges, dans « Le Solitaire », deux « principes » en quelque sorte complémentaires. L'un se réfère au système bien connu d'action et de réaction qui régit tout fonctionnement dynamique et sur lequel il fonde habituellement l'évolution des situations, les relations de personnages, les techniques du dialogue. Mais que faire de ces êtres sur lesquels rien n'a prise, parce qu'ils sont pur esprit, et qui, de leur côté, agissent directement par l'esprit. Cette action immédiate de l'esprit considéré dans ses figures les plus extrêmes, naturellement séparées du Corps et du Monde, lui suggère un principe d' « attraction ». « *L'intelligence* [note-t-il] *est ici une forme de l'énergie — Par action directe de la pensée.* » (*MF*ms, VIII, 142*a*). On peut même dire que cette idée d'une action par attraction est déjà entrevue pour Orphée, le poète mythique pouvant être considéré comme la figure humainement représentable la plus proche de cette autre figure (en principe non représentable) de l'intelligence pure que sera l'Ange du « Solitaire ».

On voit que la complexité des problèmes vient de la nécessaire matérialité du théâtre, dont Valéry veut tirer tout autre chose qu'une simple imagerie, et qui renvoie forcément, une fois encore, à la relation fondamentale C.E.M. Cette sorte de mouvement vital de l'Esprit que figurent les héros valéryens

114

fait apparaître au sein même du système l'antinomie primordiale entre l'unité indissoluble des éléments qui la composent et l'instabilité tout aussi permanente de leur commun équilibre. Dans le cas présent, si l'Esprit tend à imposer son pouvoir sur le Corps et sur le Monde — qui sont d'abord pour lui, comme l'on sait, un « mon-Corps » et un « mon-Monde » —, ceux-ci affirment de leur côté la nécessité inéluctable de leur présence et de leur action sur l'Esprit, étant de surcroît indispensables à l'existence et aux manifestations de son pouvoir matérialisées sur une scène de théâtre.

D'où le problème posé par les Anges, personnages significatifs du domaine des « non-choses » (*MF*ms, VIII, 142*a*) que « *l'absence de masse et de chair* [...] *place à part* », et à propos desquels il faut « *trouver mieux* » que le « *principe d'action et de réaction* ». La négation du Corps rompt l'équilibre propre aux représentations humaines. L'esprit même en est comme modifié, réduit à son essence. Ici, « *pas de savoir* » — mais, face à l'insensibilité acquise du Solitaire, une insensibilité d'un autre ordre, cette « *naïveté suprême de qui se confond avec son pouvoir* ». Une « *pureté* » souveraine et élémentaire qui ne peut se traduire ni par la littérature, ni par l'imagerie, seulement par les « *symétries significatives* », les figures génératrices d'un non-dit riche du potentiel expressif des « *non-choses* », le recours au langage des mystérieux « harmoniques ». Valéry est séduit, on le sent, par cette figure de l'inexistence même du pouvoir, sans contraintes, de l'esprit. Mais il en rejette aussi l'illusion fascinante, la trop facile perfection. Le Solitaire renvoie l'Ange à son empyrée, comme le Diable à ses enfers : il sait le prix de la conquête, la dure marche ascensionnelle vers les hauteurs glacées de l'esprit. La scène est rude, à la limite du grotesque ; mais face à ces « *croque-mort* » de « *l'Éternel* » (*MF*ms, IV, 146), le Solitaire affirme être « *celui qui passe, l'éphémère, l'éclair* ». « *Il relative Tout.* »

Cela ne peut s'exprimer que par la forme la plus normale de la dynamique théâtrale, qui traduit les conflits générateurs de drame à travers une action dialoguée. Il s'agit de mettre en valeur la situation du héros par rapport aux êtres qui l'entourent, à leur masse, à leur altérité. L'espace scénique et la parole concourent à concrétiser la supériorité de l'esprit et sa faiblesse d'être seul, proche du dieu ou de la catastrophe. Sa relation avec les autres fait apparaître son inadaptation, son impossibilité — parfois triomphante, parfois quelque peu nostalgique — à être de plain-pied avec autrui : c'est l'inévitable relation de rupture entre Sémiramis et le Captif, entre Amphion et son peuple. L'échange, lorsqu'il a lieu — amour ou communion dans une mystique de l'art —, n'est que momentané et illusoire, l'action est à sens unique : un seul agit, les autres demeurent passifs ou deviennent, comme l'Homme, actifs seulement par accident.

Ce n'est là nullement un retrécissement du théâtre. C'est au contraire une situation qui produit un certain effet dramatique, traduisible concrètement par le jeu des oppositions de volume et de mouvement. Mais c'est bien la négation de l'histoire, l'événement se trouvant ainsi englobé dans un plan humain général. L'action de l'esprit se fait pour lui seul, et c'est son point de vue qui est adopté, ennemi des éternels retours : le Solitaire nous renvoie au célèbre « une fois pour toutes », qui oppose le général au particulier.

La même dynamique se développe dans la relation amoureuse où l'esprit cherche paradoxalement à porter son pouvoir jusqu'à un paroxysme jamais atteint. L'espoir d'accéder par le corps au plus haut de soi-même, jusqu'à ce point ultime des « Harmoniques » qui seul délivre la Connaissance suprême, celle du non dit et du non dicible, c'est celui d'Orphée et d'Eurydice, de Faust et de Lust. Valéry imagine, dans un brouillon relatif au projet d' « Orphée », ce duo des « plaisirs d'Orphée et Eurydice » :

> Les signes d'un organisme à l'autre — les tâtonnements. La correspondance de ces corps — Compréhension, Pressentiment, Résonance (dont l'effet se reprendra et se développera in psychologicis après Eurydice aux Enfers —) (*Ch*ms, III, 59v°)

Il évoque alors, en écho à la scène d'amour, dans un système de correspondance thématique parent du leitmotiv wagnérien, un « *duo peut-être des êtres séparés, vus simultanément sur une scène à deux parties, enfers et terre* » (*Ch*ms, III, 59v°). Il réfléchit à la structure formelle de ce duo, faite « *des demandes et des réponses — accélération, rebondissement, miroirs parallèles* », et à son contenu significatif :

> *Leur faire dire non ce qu'on dit — mais ce qui accompagne ce qu'on dit —*
> Ces points illuminés des corps, ces insuffisances çà et là des moyens de la vie, cœur, souffle. — Établir nettement cet enlèvement, ce ravissement. Ces répétitions à l'octave,   (*Ch*ms, III, 59v°)

Quelques pages plus loin, une sorte de récit analyse cet extraordinaire état d'harmonie où s'estompe le conflit latent des deux Moi :

> Ces deux corps, ces deux volontés, ces deux âmes, ces deux mondes, ces deux puissances opposées, créaient de leur contraste unanime et de leur différence indivisible, de nouveaux états et des connaissances ineffables —   (*Ch*ms, III, 61)

Ailleurs encore, Orphée exalte ces « *délices* », « *ineffable commerce* » (*Ch*ms, III, 60v°), où il voit naître « *un retentissement de la sensation dans l'esprit et dans le double de l'esprit, une nouvelle* εντελεχεια ». Mais ici le titre est « Séparation ». Car ce n'est là qu'un moment « ultime », et la retombée qui le suit est incluse dans cette imminence de la perfection.

L'amour, ici, est considéré comme le sentiment de Soi, qui mené vers un point extrême n'y peut jamais parvenir mais se transforme par une modulation ineffable de délicatesse, en nuage, puis en monstre qui est Sens et tout tombe enfin dans un précipice où gît une dernière douceur —   (*Ch*ms, III, 60v°)

« *Hélas* [dit l'un des amants] *nous avons commis le plus grand crime ! Nous avons mis l'intelligence au service de nos plaisirs.* » (*Ch*ms, III, 59). Orphée, ayant définitivement perdu Eurydice, n'a plus qu'un recours : « *Il appelle son art — son monde fictif.* » (62). Retourné à sa solitude, l'esprit pourra encore prendre sa revanche, se proclamer *« inventeur » (*C*, VIII, 362) — et par là possesseur — *« de ce qui est ».

117

Sous l'instable harmonie du duo, sourd ainsi le conflit profond qui renvoie la relation d'éros à « l'affaire Autrui » et son développement au « système DR ». Le duo inachevé de Lust et de Faust reprendra dans sa plus haute expression ce mythe de l'amour transcendé et de la merveille enfantée par la communion de deux esprits. Ce qui renvoie encore à la quête, tentée à deux cette fois, du « Moi pur ».

Cette aspiration du Moi à l'identité avec un autre Moi se double, on le voit bien, d'une aspiration à exalter en la purifiant sa propre unicité. Le conflit interne qui en résulte est donc le fait des personnages les plus complexes et les plus troubles. Sa traduction en langage théâtral peut se faire de deux manières : soit par un repli sur soi, une interrogation de soi sur soi où le Moi se dédouble intérieurement, soit — ce qui est beaucoup plus original et plus moderne — par un éclatement du personnage en plusieurs autres, qui donnent du même une multiplicité de représentations.

Procédé relativement classique, le « dialogue de soi et soi » (la formule est de Valéry, mais c'est aussi celle de Benveniste, pour désigner le monologue) s'établit tout naturellement chez le héros valéryen sur le modèle de la perpétuelle interrogation des *Cahiers*. C'est la voix, c'est le ton, c'est le rythme de la parole qui le transforment en moyen d'expression théâtrale ; mais sa caractéristique reste bien cet élan qui le porte à une conscience toujours plus aiguë et à une action dominatrice de l'esprit. Il suit en cela la ligne ascensionnelle dont nous parlions tout à l'heure, et la dynamique de la parole, devenue productrice à son tour des mouvements de l'intellect, est la même que celle de l'action. Ainsi le long monologue parlé — il faudrait plutôt dire « déclamé » — de Sémiramis, en relation permanente avec l'attitude et le mouvement du personnage, avec les éléments du décor et les éclairages, exprime le conflit essentiel entre les forces du Corps et du Monde et le pouvoir de l'Esprit, et sa résolution victorieuse. Mal perçu par les spectateurs, il était pourtant la pièce maîtresse de l'œuvre, et c'est pour cela que Valéry y tenait tant. L'acte d'amour par lequel il s'achève, sur la table de l'autel où la Reine s'offre au dieu solaire, s'accompagnant d'un éloge de l'orgueil, dit la victoire totale de l'esprit portée jusqu'à ce point ultime théâtralement figuré : l'évasion hors des contingences humaines et terrestres — ce corps étincelant, cette ville monumentale et ce royaume qu'a dorés le soleil levant, effacés par l'envol de la colombe et « *l'Autel vide* » qui « *brille au soleil* » (Œ, I, 196). L'étrange enfantement par l'esprit dont l'idée sera suggérée dans les brouillons du « IIIᵉ Faust » [10], est inscrit dans ce finale, comme il l'était peut-être déjà dans celui de *La Jeune Parque*.

De son côté, Faust monologuant chante moins la gloire de la sensation (*« *JE RESPIRE* [...] *JE VOIS* » ; Œ, II, 322) que la « conscience » qu'il en a : « *VOIR suffit, et* SAVOIR QUE L'ON VOIT... » L'éloge de la vie — du parfum des fleurs, de l'arbre, du soleil couchant, thèmes valéryens s'il en est — ne va pas sans cette « *connaissance pleine et pure, plénitude, accomplissement* » avec laquelle le personnage s'identifie, et qui assure sur les choses le pouvoir de l'esprit ; puisque « *la connaissance est ce qu'il faut produire par l'esprit pour que SOIT ce qui EST* » (321-2). Mais Faust n'est pas Sémiramis ; et si, dans ce moment exceptionnel où il se situe lui-même « *au comble de son art* » (322) et « *sur ce haut plateau d'existence* », le spectateur averti peut voir quelque prescience des hauteurs glacées où il rencontrera le Solitaire — « *ce nom de diamant* », écrit Valéry dans ses notes (*MF*ms, IV, 128) —, son monologue s'ouvre par la récapitulation du pénible trajet humain qu'il lui a fallu subir « *pour en arriver là* » (Œ, II, 321) et sur l'amère réflexion, qui est aussi, pourtant, acte de foi dans le pouvoir de l'esprit : « *Avec un peu plus d'esprit, j'y serais venu par l'esprit tout seul...* » Faust reprend ainsi le thème du monologue final d'Orphée, méditant, au bout de la route, sur les épreuves dont il a parcouru le cycle, et trouvant sa revanche dans cette étrange possession du monde — et d'Eurydice ainsi défiée — que lui donne le pouvoir de création par le chant. Une voix intemporelle s'identifie en lui à cet « *état élevé, tonique, tendu, fait uniquement d'énergie pure, libre, à haute puissance, ductible* » (*C*, VIII, 41).

En opposition, on peut voir se développer dans la tragédie de « Stratonice », où le monologue semble le lot de ces héros séparés, les illusions et les limites du pouvoir de l'esprit. Même le dialogue, le plus souvent en forme de confidence, n'est qu'une extériorisation des conflits intérieurs ; et si le prestige du Médecin demeure celui du savoir et de la prévision, son succès est moins un triomphe de l'esprit que le résultat d'une longue et souvent cruelle réflexion englobant les autres et lui-même, et dont il est le seul à connaître les incertitudes. Le secret qu'il révèle à Séleucus, à savoir que tous les hommes sont un, donne déjà la clef d'une conception du personnage éclaté en de multiples figures dont les relations réciproques sont fondées sur des jeux d'analogie et d'opposition porteurs eux-mêmes d'une signification plus profonde, d'une vision globale de l'être. Nul doute que l'ancien rêve du « Système » ne hante à nouveau ce personnage du Médecin, image d'un savoir qui, ne pouvant s'asseoir sur l'expérience rationnelle, tourne à l'initiation. La présence constante sur la scène de ce personnage à travers qui tous les autres sont liés et connus, est une affirmation concrète de cette unicité exprimée dans ses propos comme une révélation.

Cette démultiplication de l'esprit agissant, procédé très original pour l'époque, devait trouver dans le « IIIe Faust » une sorte d'apothéose. Il semble qu'il commandait la distribution des personnages du « Solitaire », et les notes concernant le troisième Acte jamais écrit de cette pièce en montrent la croissante complexité, jusqu'à un dénouement qui devait tout révéler. La légende de Faust se prêtait à merveille à cette intention très valéryenne de voir en chaque personnage une figure de l'être, et dans leur ensemble une figure complexe des conflits internes de l'esprit, de son aspiration au plus haut, des leurres et des limites de son pouvoir.

À plusieurs reprises revient le schéma oppositionnel primordial : en face de Faust, qui est « *l'Homme* » (*MF*ms, IV, 146) dans la complexité de la vie, le Solitaire est « *le Moi pur* » (95), ou « *l'Intellect pur* », tandis que Lust et le Diable représentent, dans deux registres différents, un niveau opposé, celui de « l'instinct ». Une autre note annonce une distribution légèrement différente, qui veut serrer au plus près le système C.E.M., au-dessus duquel s'élèverait la conscience faustienne :

Faust = Moi = Zéro — la Conscience
Méph(isto) = Monde — Variété — Excitation — la Sensibilité
Solit(aire) = Esprit = les combinaisons
Lust = Corps — les réflexes — les sentiments qui manquent
à Méph(isto) —   (*MF*ms, IV, 122)

De cela l'auteur se propose de « tirer les actions convenables ». Mais une autre note encore précise le rôle du Solitaire, redevenu le « *Moi 1* », « *le Zéro* » (*MF*ms, IV, 150) : « *Je suis cela qui n'a pas de visage pas de nom et mon corps est à chaque instant mon esprit.* »

Le Solitaire se trouve ainsi placé au niveau divin, celui de l'intelligence pure, mais chassant les dieux parce qu'ils sont, eux, dépourvus de pensée. Les dieux ou, du moins, les deux représentants antithétiques du monde divin que sont le Diable et l'Ange, venus se disputer le cadavre de Faust. Car le Dieu, sans cesse mis en accusation, demeure étrangement absent [11], tantôt défini comme un « *Hyperdémon* » (*MF*ms, IV, 169) ou un « *Métadiable* », tantôt comme « *produit de Réflexion* » (126), ce qui renvoie encore à ce schéma en miroir, tantôt enfin comme le Néant, ce « *Dieu Néant* » que tous les personnages s'accordent à prier sans y croire :

Solitaire — J'aperçois... nettement... le Néant
F(aust) — Moi aussi
          Moi aussi
Tous — le Dieu Néant..
          Prions
          Puisque nous ne savons enfin faire autre chose
          Et même s'il n'y a rien, il faut prier ce Rien
                                              (*MF*ms, VIII, 92)

Face à la création manquée, le Solitaire traduit le rêve de « *la création de l'homme nouveau* » (*MF*ms, IV, 155) par une « *sorte de baptême* », d'un être qui serait « *le pur et le neuf* » dans « *l'innocence baptismale* » — dépouillé de l'acquis de l'espèce et des

121

croyances, pour qui « *être homme n'est* [...] *qu'un parti pris particulier* ».

Faust, ce « *mélange de l'intellect à la vie* » (*MF*ms, IV, 121), pourrait-il être ce nouvel initié ? Une ébauche de la dernière scène, où le Solitaire révèle sa nature, semble l'envisager. Il est, dans cette « *réincarnation* » (142), « *celui qui cherche la* dernière pensée, *le mot de l'énigme* », et aussi « *celui qui sait ce qu'il fait* » (121) et tend, par la conscience comme par son refus, à s'identifier au Solitaire. Une note le dit explicitement :

> Le personnage est celui qui ne veut pas de redites et qui veut épuiser le Que peut un homme — [...] D'où l'identif[ication] avec le Solitaire — (*MF*ms, IV, 122)

La formule « Que peut un homme ? » renvoie au personnage originel de Teste, comme y renvoient aussi les notes concernant le Solitaire lui-même. Par là est plus évidemment consacrée l'équivalence affirmée dans la note suivante :

> Solitaire III — Le dialogue du Même avec le Même — À certain point — F(aust) et S(olitaire) répètent les mêmes paroles
> Enfin Moi = O (*MF*ms, IV, 118)

Si l'on songe que le personnage du Solitaire se trouve encore démultiplié dans les Fées — il formerait avec elles la représentation théâtrale des « *Harmoniques* » (*MF*ms, VIII, 165) —, on voit qu'il figure cette synthèse (vers laquelle tend, par l'action de la conscience, son double humain qu'est Faust) du Refus essentiel, celui de « *la confusion de la personne avec le MOI* », et de la « *Sensation pure* » que « *l'Art* [...] *a pour fonction de révéler* ». Contrepartie positive qui ne peut se situer que sur le plan de cet « idéal » si constamment bafoué pourtant, mais où demeure un écho très net du symbolisme mallarméen. Le décor du ciel étoilé promu « *persona dramatis* » (IV, 123) en est un autre témoignage.

Cette représentation du combat dynamique de l'esprit pour assurer son pouvoir fournirait, si l'on voulait s'y risquer, un schéma actantiel remarquablement équilibré, correspondant à

122

la dynamique ascensionnelle que nous avons analysée. Quel que soit le drame, les données sont identiques ; qu'il y ait démultiplication du personnage ou réduction à l'unique en un héros monologuant, c'est le même mouvement de l'esprit se constituant comme son propre objet, la même action fictive recouvrant la trajectoire caractéristique de l'orgueil vers le « Moi pur ».

Destinateur	*Destinataire*
ORGUEIL	MOI PUR = O
« *sensation* [...] *d'*étendue *de puissance de soi* » (*C*, XXVII, 206)	« Refus » et « Harmoniques »

Sujet

L'ESPRIT

Objet

Le MOI complet (CEM)
(Phases : conscience, liberté,
domination par l'esprit)

Adjuvants	*Opposants*
le CORPS = la sensation l'éros	le CORPS
le MONDE = « l'Autrui »	le MONDE
le « hasard »	les DIEUX
les DIEUX = le Moi ?	le TEMPS = le « RE- » la Mort

Adjuvants et opposants sont les mêmes, on le voit : le Corps et le Monde, lieux de la « Sensation », mais aussi de toutes les tentations et déviances, irrémédiablement accouplés à l'esprit ; la « fiducia », les dieux, qui ne sont peut-être qu'une autre image du Moi. Le seul opposant permanent, le seul irréductible, inhérent aussi au Moi (« le ver irréfutable » ...), est le Temps, qui est à la fois la Mort et le « RE- » des éternels recommencements.

Il faudrait citer encore ici une ébauche de dialogue où le Solitaire, se révélant à Faust comme son « *Moi pur* » (*MF*ms, IV, 95), expliciterait cela « *par les refus — qui sont le temps vrai* » :

Faust — Il y a donc quelque chose qui est au-dessus de la vie —
   Refuser la vie et la mort.
Solit(aire) — Il y a l'indomptable, l'essence du réveil d'entre les vivants —
   Ce qui meurt par toutes choses qui naissent.
             (*MF*ms, IV, 95)

« *L'Auteur et ses personnages* »

Quoi d'étonnant, après cela, si un projet de finale pour cette même pièce du *Solitaire* consacre expressément la série des identifications ? « *Tu ne vois pas que je suis TOI ?* » (*MF*ms, IV, 94v°), déclare le Solitaire à Faust dans l'ultime scène où il semble tenter de le ressusciter pour on ne sait quelle nouvelle destinée spirituelle [12]. Dans une note antérieure, après avoir affirmé son pouvoir et chassé l'Ange et le Diable, il avait explicité sa fonction dans le drame en monologuant à son tour sur le corps de Faust, « son frère » qui avait voulu « *s'éleve[r]* trop haut » (146).

Une autre note résume un projet plus original encore :

Le Solitaire à la fin *s'habille* — met un chapeau — et est Monsieur Teste.
Il met ange et diable à la porte. [*Remarquons que ceux-ci ont perdu leur majuscule.*]   (*MF*ms, IV, 158)

et plus bas, référence est faite à « l'Auteur et ses personnages ». Ici, la majuscule montre bien que « l'Auteur » devient à son tour un « personnage », sans doute le personnage-synthèse, point de départ et point d'arrivée de ses multiples créations. La triple identification

Solitaire = Teste = l'Auteur

124

qui se superpose à la précédente

Solitaire = Faust

forme une figure d'autant plus achevée que nous savons combien souvent, non sans humour, Valéry s'est identifié à Edmond Teste.

Car l'humour reprend ses droits dans cette étrange fantaisie finale qui dévoilerait l'envers du décor, et ferait basculer dans la dérision le rêve de toute une vie jeté ainsi en pâture au spectateur : le pouvoir de l'esprit ne serait-il qu'illusion théâtrale ? Mais toute dérision, on le sait, consacre l'amertume d'un drame sans issue. Toutes ces pièces, réalisées ou non, ne seraient donc que la mise en scène de l'analyse de l'esprit par lui-même et de l'exercice, illimité seulement dans l'imaginaire, de ce pouvoir — merveilleux ou démoniaque ? — qui lui est propre. Exercice condamné à ces éternels recommencements que sa fin première était précisément de fuir, et dont l'aventure faustienne redit le lancinant dégoût.

Cette « mise en abyme », dont nul ne s'étonnerait aujourd'hui, était, au moment où Valéry en concevait l'idée, une expression fort originale du conflit qui n'a cessé de l'habiter, la seule permettant la distanciation nécessaire à un drame trop personnel. Le théâtre étant donné comme théâtre — et c'est bien ainsi qu'il intéressait Valéry —, l'Auteur, devenu lui aussi personnage, pouvait opérer concrètement sur la scène ce dédoublement auquel la pratique de l'analyse spéculaire l'avait admirablement dressé. Se démasquant en prenant un nouveau masque, le masque social du « quelqu'un » rassurant auquel le public est habitué — ce « monsieur » qui « s'habille », met son chapeau et s'en va —, il endosse en même temps la forme et l'habit de la figure primordiale : le « monstre » que rien ne distingue par l'apparence des autres humains, et qui est seul, ou à peu près, à connaître et mesurer l'étendue de son pouvoir et de son orgueil [13].

Il peut même, pourquoi pas, se présenter en analyste objectif : le conférencier qui, à la manière de Jarry, s'adresse au public avant la pièce et propose à travers la représentation théâtrale une « dissection » de son personnage. Ce projet pour l'ouverture de la tragédie sur Tibère [14], il se pourrait que Valéry lui ait cherché un équivalent pour présenter son « IIIe Faust » [15]. Peut-être en est-il passé quelque chose dans l'avis « *au lecteur de bonne foi et de mauvaise volonté* » (*Œ*, II, 276) qui sert de préface aux « ébauches » publiées.

Ainsi, à travers les réincarnations de Teste (théâtrales et vécues), toute la dramaturgie valéryenne, répondant à l'ambition jumelle des *Cahiers* de transcrire la « Comédie de l'Intellect », développe le désir de représenter la chose peut-être la moins représentable [16] : l'effort de l'Esprit pour définir et maintenir un pouvoir qui lui échappe dans le temporel, et qui ne peut se réaliser que virtuellement, soit dans l'exaltation lucide du petit matin, soit dans l'absolu de quelque création, poème ou personnage de théâtre — ce qui le renvoie encore au domaine de la fiction.

NOTES

*Ch*ms   Manuscrits des divers « Cahiers *Charmes* ».
*MF*ms   Manuscrits de « " Mon Faust " ». Bibliothèque Nationale. 8 volumes reliés.

*

1. Pour la valeur que Valéry donne au terme de *type* dans ses énoncés théoriques, voir mon *Paul Valéry et le théâtre* (Paris, Gallimard, 1973), pp. 152 sqq.
2. Il ne faut pas s'étonner non plus si les auteurs que nous rapprochons ici de la création valéryenne sont précisément venus au théâtre à partir des nouvelles formes du roman.
3. Il a imaginé « son » Harpagon, conçu plusieurs Don Juan (voir *C*, XIX, 725), et son personnage théâtral privilégié, Faust, ne saurait être encore qu'une variante — elle-même plurielle peut-être, comme en témoigne le projet d'un « IVe Faust » — du personnage goethéen.
4. Il est étrange de retrouver un écho de ces paroles dans la bouche de Lust, au moment du « duo », dans la grande scène du jardin (*MF* ; *Œ*, II, 321).
5. Voir à ce sujet, Huguette LAURENTI, « Le Monstre valéryen », *Bulletin des études valéryennes*, n° 2, juill. 1974, pp. 23 sqq.
6. Voir dans *Paul Valéry et le théâtre* le chapitre consacré à ce projet dramatique (« Ébauches d'une " tragédie nouvelle " : *Stratonice* », pp. 355 sqq.)

et le chapitre « Stratonice » dans *Cahiers Paul Valéry 2* : « *Mes théâtres* » (Paris, Gallimard, 1977), pp. 231 sqq.

7. Voir *CPV2*, 243.

8. La situation — historique — d'Ovide, homme étranger parmi d'autres hommes, est beaucoup plus ambiguë. La visitation divine, discrète, ne figure qu'un moment de l'aventure, et rien ne dit la fin que Valéry aurait imaginée.

9. *C*, XV, 710 ; voir *Paul Valéry et le théâtre, op. cit.*, p. 96.

10. Voir *Œ*, II, 1414 et *CPV2*, 84-5.

11. « *But where is God ?* » se demande Valéry après une nouvelle énumération des personnages, où le Solitaire, d'abord point d'interrogation, serait devenu « *l'absolu* » (*MF*ms, IV, 169).

12. Cette résurrection était nécessaire si Valéry envisageait vraiment un « IVe Faust ». L'œuvre, à laquelle plusieurs feuillets importants sont consacrés, se serait située sur un registre tout à fait différent de la précédente.

13. N'oublions pas qu'à la même époque Valéry tentait d'exprimer, dans certains brouillons du quatrième Acte de *Lust*, cet autre drame atroce : le pouvoir de l'esprit glaçant l'être qu'il habite et tuant en lui l'aptitude à aimer.

14. *C*, II, 656. Voir *Paul Valéry et le théâtre, op. cit.*, p. 331, n. 34.

15. Serait-ce « l'Auteur » tel qu'il apparaît de nouveau à la fin sous les traits modernes d'Edmond Teste, serait-ce Faust lui-même s'avouant figure de l'auteur, qui se présenterait à ce premier lever de rideau où l'action est fortement située au cœur des problèmes du « monde actuel » ? Deux notes très intéressantes, dans le dossier du « Solitaire » ébauchent un « *PRAELUDIUM* », « *MONOLOGUE du Poète (Goethe ?) qui est ADAM, qui est aussi l'HOMME* » (*MF*ms, VII, 59) ; on y voit se former, à travers cet autre « personnage » intermédiaire que fut Goethe, l'identification de l'Auteur et de son héros. Dans le premier feuillet, l'œuvre dramatique est « Poème », qui se confond avec son auteur :

Prodige unique — Ce poète devient lui-même Poème ; Goethe devient légende [...] épopée spirituelle..

Il écrit d'ailleurs l'œuvre immense, le Poème qui est un poète : FAUST où il place tous ses désirs, toutes ses expériences, toute son érudition, toute sa critique de la connaissance et du monde.

Mais Faust ne finit point, ne finira qu'avec les derniers des humains. Ne sentons-nous pas dans le monde... qui nous environne sa présence. Ne lisons-nous pas un IIIe Faust. Parfois je le sens s'écrire.

(*MF*ms, VII, 56)

Au verso, le projet se précise :

N'écrirait-il pas le 3e Faust ? — Quelle tentation...

Le rideau se lève sur un cabinet d'étude. Tout notre avoir est là. Jamais l'homme n'a tant accumulé de restes du passé. Nos collections, nos bibliothèques sont des cités. Davantage, nous élaborons l'avenir comme jamais on n'y songea. Nos programmes peuvent prendre des proportions que nos moyens d'action permettent de concevoir.

C'est ici que germe et s'impose le problème de la qualité de l'homme de demain. (*MF*ms, VII, 56bis)

16. Mais nous savons aujourd'hui que les choses les moins représentables produisent parfois les représentations les plus riches. Ici encore, Valéry est venu trop tôt.

7

L'IMPACT DE LA CIVILISATION MODERNE
SUR LES POUVOIRS DE L'ESPRIT

par Judith ROBINSON-VALÉRY

EN parlant de l'analyse des pouvoirs de l'esprit chez Valéry, il importe de distinguer entre deux aspects entièrement différents de ses réflexions, le premier étant ce qu'on pourrait appeler « a-temporel » et le second étant, au contraire, profondément ancré dans la conscience du temps et de l'évolution de l'histoire. C'est sans aucun doute l'aspect « a-temporel » de la pensée de Valéry qui nous frappe d'abord le plus. Les *Cahiers*, les écrits sur Léonard, sur Descartes, sur Teste, sur Faust, sur Gladiator ne sont au fond qu'une longue exploration des différentes formes, des différents domaines d'un pouvoir mental considéré comme inhérent à tout homme civilisé de n'importe quelle époque. Même des figures historiques comme Léonard ou Descartes sont présentées par Valéry comme des symboles en quelque sorte éternels du potentiel de l'esprit poussé à ses limites plutôt que comme des hommes ayant vécu à tel ou tel moment. Et pour Valéry lui-même, comme le démontrent amplement les *Cahiers*, la question du pouvoir mental, du « Que peut un homme ? », se pose en premier lieu comme problème psychologique, philosophique et scientifique, et seulement en deuxième lieu comme problème historique. Il s'agit essentiellement pour lui de savoir quels sont les mécanismes fonctionnels qui permettent à l'esprit d'exercer ses pouvoirs et de les étendre toujours plus loin, tout en imposant à cet

129

PAUL VALÉRY 4 (1983)   9 exercice et à cette extension certaines bornes que rien ne permet de dépasser [1].

Mais à côté de cette analyse abstraite des possibilités et des impossibilités de l'esprit en général, de *tout* esprit, on trouve dans l'œuvre de Valéry une réflexion d'un puissant intérêt sur la façon dont le développement de la civilisation moderne — surtout celle des cent dernières années — est en train d'influencer et de modifier, peut-être radicalement, le potentiel mental de l'homme contemporain. Dans cette deuxième optique, les capacités de l'esprit ne sont plus considérées dans leur universalité et leur permanence, mais dans leur devenir et leurs rapports avec les conditions spécifiques d'une époque et d'une société données.

Les idées de Valéry sur cette question, qui intéresse on ne peut plus directement chacun de nous, se divisent en deux catégories : celles qui mettent l'accent sur l'évolution *positive* de notre potentiel mental, dans le sens de l'augmentation, et celles qui soulignent son évolution *négative*, dans le sens de la diminution. La première catégorie de remarques, nous étant déjà relativement familière, n'a guère besoin d'être commentée longuement : c'est celle où Valéry insiste sur la rigueur accrue de nos processus de raisonnement, rigueur que nous devons surtout à l'exemple de la science ; sur le « pouvoir » d'origine expérimentale qui est venu remplacer, grâce aussi à la science, le « savoir » purement théorique et verbal des philosophes et des théologiens ; sur l'élimination graduelle d'un nombre considérable de vieilles « idoles » intellectuelles, morales et affectives qui gênaient par leur survivance le fonctionnement libre de la pensée ; et enfin sur l'accroissement général de nos exigences de précision et de netteté dans la définition des termes, l'énoncé des problèmes, et l'examen des preuves qu'on nous apporte de la « réalité » d'une chose ou de la « vérité » d'une idée.

Mais il y a aussi le revers de la médaille, sur lequel je voudrais insister, quitte à courir le risque de noircir un peu trop l'image que Valéry nous présente de notre époque. Il s'agit des très nombreuses observations sur la menace que représente le monde moderne pour l'avenir global de l'esprit humain qu'on trouve d'une part dans les *Cahiers* et d'autre part dans certains essais de *Regards sur le monde actuel* (en particulier « La Liberté de l'esprit » et « Fluctuations sur la liberté ») et de *Variété* (notamment « La Politique de l'esprit », « Propos sur l'intelligence » et « Le Bilan de l'intelligence »). Les commentateurs qui ont parlé jusqu'ici de ces essais, presque toujours d'une façon un peu hâtive, ont eu tendance à les traiter comme de simples « réquisitoires » désabusés [2], alors qu'on peut considérer qu'ils nous offrent en fait une analyse très précise, et de plus en plus actuelle, de certaines tendances dangereuses de notre civilisation et de notre mode de vie. Voici en quels termes Valéry définit le problème tel qu'il l'envisage. On venait de lui demander (c'était en 1925) s'il considérait que le monde traversait une « Crise de l'Intelligence ».

Que l'on s'inquiète tout d'abord [*écrit-il*] si l'homme devient plus sot, plus crédule, plus faible d'esprit, s'il y a crise de la compréhension, ou de l'invention... Mais qui l'en avertira ? Où sont les repères de ce changement de la puissance mentale ? Et qui, s'ils existaient, les pourrait légitimement consulter ?
Cette étrange question n'est pas toujours sans suggérer quelques idées. Voici, par exemple, une sorte de problème que je propose comme il me vient. Il ne s'agit pas de le résoudre.
Rechercher dans quel sens la vie moderne, l'outillage obligatoire de cette vie, les habitudes qu'elle nous inflige, peuvent modifier, d'une part, la physiologie de notre esprit, nos perceptions de toute espèce, et surtout ce que nous faisons ou ce qui se fait en nous de nos perceptions ; d'autre part, la place et le rôle de l'esprit même dans la condition actuelle de l'espèce humaine.   (I, 1043)

Si nous considérons d'abord le domaine des perceptions, que constatons-nous ? Nous constatons avant toute chose, répond Valéry, que l'homme moderne — surtout le citadin mais aussi, grâce à l'empire universel des mass media, l'homme en apparence le plus isolé — est continuellement en proie à des sollicitations innombrables venant du monde extérieur qui assaillent et harcèlent sans répit ses sens. Quelles qu'elles soient — bruits, lumières, images, affiches publicitaires, mouvements de foules ou de véhicules, slogans commerciaux ou politiques, informations, événements petits ou grands que proclament les gros titres de la presse —, ces sollicitations, caractérisées par la plus extrême hétérogénéité et par la soudaineté la plus déconcertante, font de chacun un assiégé perpétuel. « *L'interruption, l'incohérence, la surprise* [déclare Valéry], *sont des conditions ordinaires de notre vie. Elles sont même devenues de véritables besoins chez beaucoup d'individus dont l'esprit ne se nourrit plus, en quelque sorte, que de variations brusques et d'excitations toujours renouvelées.* » (I, 1058).

Ces remarques préfigurent d'une façon frappante des questions que se posent actuellement beaucoup d'écologistes, mais ce qui caractérise plus particulièrement l'optique de Valéry, c'est le souci constant des effets de toutes ces nuisances sur la vie intérieure. Le premier de ces effets, selon lui, c'est que notre « espace-temps » mental est constamment accaparé par la nécessité de trouver des *réponses* à des stimuli arbitraires et fortuits venus de *l'extérieur* plutôt que par l'activité positive et créatrice de formuler spontanément des *questions* à *l'intérieur* même de notre esprit. Le résultat direct et inévitable de ce déplacement de notre attention et de notre énergie est une diminution très prononcée du degré d' « intériorité » de notre existence.

La deuxième conséquence, c'est la diminution parallèle de notre *liberté* intérieure, car, que nous le voulions ou non, toutes ces diverses sollicitations nous rendent forcément passifs dans la mesure où nous ne pouvons que les recevoir, les subir, et où elles n'émanent jamais de nous. Ce danger de la passivité, d'autant plus grand qu'il se cache sous les apparences d'une maîtrise croissante exercée sur notre environnement, est souligné par Valéry dans un passage saisissant sur les entraves invisibles de la vie moderne :

Que de devoirs enfin ! Devoirs dissimulés dans le confort lui-même ! Devoirs que la commodité, le souci du lendemain multiplient de jour en jour, car l'organisation toujours plus parfaite de la vie nous capte aussi dans un réseau, de plus en plus serré, de règles et de contraintes, dont beaucoup nous sont insensibles ! Nous n'avons pas conscience de tout ce à quoi nous obéissons. Le téléphone sonne, nous y courons ; l'heure sonne, le rendez-vous nous presse... [...] Tout nous commande, tout nous presse, tout nous prescrit ce que nous avons à faire, et nous prescrit de le faire automatiquement.

(I, 1038)

Le symbole du nouveau type d'asservissement imposé par le téléphone, malgré tous les avantages pratiques qu'il nous apporte par ailleurs, a beaucoup frappé Valéry, comme on le voit dans une anecdote concernant Degas et Forain qu'il aimait raconter : « *Quand Forain se construisit un hôtel, il fit poser le téléphone, alors encore assez peu répandu. Il voulut l'utiliser tout d'abord à étonner Degas. Il l'invite à dîner, prévient un compère qui, pendant le repas, appelle Forain à l'appareil. Quelques mots échangés, Forain revient... Degas lui dit : " C'est ça le téléphone ?... On vous sonne, et vous y allez. "* » (II, 1217).

Très souvent à notre époque, ajoute Valéry, on est « sollicité » ainsi en pure perte. Car un des tristes paradoxes du vingtième siècle, c'est que nous avons développé une technologie supérieure, d'une ingéniosité inouïe — après le téléphone et le télégraphe, la radio, le cinéma, la télévision, et mille autres merveilles plus récentes encore, y compris les satellites — dont nous nous servons ensuite dans bien des cas, comme le dit Valéry, pour raconter de simples futilités, pour transmettre des messages dont le contenu est très rarement à la hauteur de l'admirable système qui les fait parvenir jusqu'à nous avec tant de science et tant de soins [3].

Rien ne semblait à Valéry illustrer mieux ce décalage symbolique que les journaux, qui constituent pour beaucoup d'hommes modernes la principale, ou même l'unique, lecture quotidienne, c'est-à-dire, en fait, le principal point de contact virtuel avec le monde des idées et de la réflexion. Quelle est la véritable substance intellectuelle qu'ils tirent de ce genre de lecture, et qu'ils retiennent pour l'enrichissement futur de leur pensée ? La réponse de Valéry est cinglante :

L'homme qui a un emploi, l'homme qui gagne sa vie et qui peut consacrer une heure par jour à la lecture, qu'il la fasse chez lui, ou dans le tramway, ou dans le métro, cette heure est dévorée par les affaires criminelles, les niaiseries incohérentes, les ragots et les faits les moins divers, dont le pêle-mêle et l'abondance semblent faits pour ahurir et simplifier grossièrement les esprits.

(II, 1092)

On n'est guère surpris après avoir lu cette phrase de trouver sous la rubrique « Gladiator » des *Cahiers*, en tête d'une liste de prescriptions et d'interdictions que Valéry établit en vue du « dressage » de son propre esprit : « *Ne lisez pas de journaux* » (*C*, XVII, 565 ; *C1*, 367) !

Il est à remarquer qu'un des principaux reproches que Valéry adresse aux journaux, comme à tous les autres types de sollicitations évoqués plus haut, c'est leur « incohérence », leur manque d'unité, qui crée peu à peu dans l'esprit de l'homme moderne un état de dispersion et d'éparpillement très peu propice au développement de la vie intérieure. Car pour Valéry les critères de base de toute vie intérieure qui se veut riche, profonde et féconde sont, précisément, l'*unité* dans le rassemblement des forces et la *concentration* sur quelques points centraux de méditation. Le plus bel exemple de cette unité et de cette concentration qu'offre son œuvre est évidemment M. Teste, qui refuse systématiquement toute intrusion du monde extérieur, tout risque d'éparpillement et toute dispersion de ses énergies. Il sait ce qu'il veut, ce qui lui importe, et rejette sans la moindre hésitation tout le reste. C'est aussi, comme le souligne son créateur, « l'homme de l'attention », c'est-à-dire le contraire même de l'homme moderne moyen, dont une des caractéristiques les plus fondamentales est devenue, selon Valéry, l' « *impuissance d'attention* » (*C*, VI, 501 ; *C2*, 1174), l'incapacité de fixer longuement son esprit ou son regard sur une idée, un objet ou un texte à l'exclusion de toute autre sollicitation.

Ce qui explique cette impuissance, ce n'est pas seulement le nombre de stimuli qui nous accablent de tous les côtés : c'est aussi notre capacité limitée de les accueillir et de les intégrer dans nos structures mentales existantes. Nous retrouvons ici la théorie bien connue, si riche en prolongements, des « CEM », des rapports entre ce que Valéry appelle tantôt les trois « axes », tantôt les trois « dimensions », tantôt les trois « variables » de notre vie psycho-physique : le Corps, « C » (par lequel il entend, comme on le sait, les sensations internes du corps et du système nerveux), l'Esprit, « E » (c'est-à-dire l'activité mentale proprement dite, soit inconsciente, comme dans le rêve, soit consciente, comme dans le brassage continuel d'idées, de déductions et de réflexions qui caractérise la veille), et le Monde, « M » (qui signifie pour lui tous les différents aspects de la mise en relation du monde en tant qu'extérieur et de l'esprit en tant qu'intérieur, y compris en particulier la perception et l'action du monde sur l'esprit à travers les stimuli constants par lesquels il l'interpelle en quelque sorte). Or, une des lois fondamentales des rapports entre le « C », le « E » et le « M » tels que Valéry les définit, c'est que, bien qu'ils agissent souvent de concert pour créer un équilibre stable et harmonieux, il arrive souvent aussi que l'un d'entre eux l'emporte en intensité ou en complexité sur les deux autres. Et selon les termes propres de Valéry : « *Quand l'un domine, et par conséquent, se différencie, se manifeste en tant que diversité, les 2 autres sont, au contraire, simplifiés — et bloqués.* » (*C*, XXV, 710 ; *CI*, 1148). C'est ainsi qu'un homme qui a terriblement froid (c'est-à-dire qui est dominé par la variable « C »), ou qui est assourdi par un bruit violent (c'est-à-dire qui est dominé par la variable « M »), ne peut plus accorder à ses pensées (au domaine « E ») l'attention normale. Elles sont effectivement « simplifiées » et, à la limite, « bloquées » par ces impressions trop fortes émanant soit du corps, soit du milieu environnant. Car l'homme le plus intelligent, comme Valéry ne cessait de le dire (et c'est là, justement, une des « bornes » majeures de sa capacité mentale), ne peut pas penser à plus d'une chose principale ni s'occuper de plus d'une chose principale à la fois [4]. D'où il est facile de conclure que l'homme contemporain, soumis à une multiplicité et à une diversité trop grandes de sollicitations et de stimuli provenant du domaine » M » et agissant sur le domaine « C » par la double voie de la surexcitation des sens et de l'irritation du système nerveux, doit forcément accorder au domaine « E » une quantité et une qualité d'attention également diminuées.

À côté de cette grave diminution de la concentration mentale, on constate chez les esprits modernes, selon Valéry, une diminution non moins inquiétante de la sensibilité, faculté « *qu'on oppose à tort* [affirme-t-il] *à l'intelligence, dont elle est, au contraire, la véritable puissance motrice* » (I, 1066), étant donné que ce sont les événements sensoriels qui éveillent et mettent en branle l'activité intellectuelle, conçue comme « réponse » aux « questions » qu'ils posent. Il n'y a malheureusement aucun doute aux yeux de Valéry que la sensibilité de nos contemporains, considérés dans leur ensemble, devient progressivement moins aiguë et plus grossière, et cela dans presque tous les domaines. « *L'homme moderne* [écrit-il dans un passage typique] *a les sens obtus, il supporte le bruit que vous savez, il supporte les odeurs nauséabondes, les éclairages violents et follement intenses ou contrastés ; il est soumis à une trépidation perpétuelle ; il a besoin d'excitants brutaux, de sons stridents, de boissons infernales, d'émotions brèves et bestiales* » (1037).

Ces impressions, déjà très fortement exprimées en 1932 dans « La Politique de l'esprit » — non sans un certain excès, diraient certains —, se retrouvent presque inchangées trois ans plus tard dans « Le Bilan de l'intelligence », où Valéry les résume ainsi :

Je ne suis pas éloigné, en présence de tous ces faits, de conclure que la sensibilité chez les modernes est en voie d'affaiblissement. Puisqu'il faut une excitation plus forte, une dépense plus grande d'énergie pour que nous sentions quelque chose, c'est donc que la délicatesse de nos sens, après une période d'affinement, se fait moindre. Je suis persuadé que des mesures précises des énergies exigées aujourd'hui par les sens des civilisés montreraient que les seuils de leur sensibilité se relèvent, c'est-à-dire qu'elle devient plus obtuse.

(I, 1070)

Cette théorie intéressante serait d'une si grande portée si elle était confirmée qu'on aimerait voir des physiologistes la soumettre à un contrôle expérimental rigoureux, ce qui leur poserait certainement des problèmes difficiles de définition de normes et de critères exacts de comparaison. Ils découvriraient peut-être que, bien que Valéry ait raison pour certains genres de sensibilité, ou même pour la plupart d'entre eux, il y en a d'autres que les exigences nouvelles de la vie moderne ont, au contraire, aiguisés (plusieurs types de perception visuelle, par exemple, et la vivacité de certaines réactions comme celles qui exigent la coordination rapide et précise de l'œil, du cerveau et de la main). Il y en a probablement d'autres encore que les facilités nouvelles créées par la technologie ont développés et affinés (par exemple les facultés de l'ouïe auxquelles l'enregistrement de plus en plus parfait de la musique a donné de plus en plus d'acuité).

Là où on ne risque guère, par contre, d'avoir à nuancer son point de vue, c'est dans ce qu'il ècrit sur le rapport étroit entre l'évolution générale de la sensibilité de l'homme moderne et ce qu'il nomme « l'intoxication ». La civilisation du vingtième siècle, affirme-t-il, est caractérisée par une tendance devenue comme innée à *« créer de toutes pièces des besoins inédits » (I, 1047), besoins à la fois individuels et collectifs, physiques et psychiques, qui sont presque tous purement gratuits et le plus souvent entièrement superflus, mais qui, une fois installés en nous — soit par les effets de la publicité, soit par la poursuite effrénée de la nouveauté érigée en valeur absolue —, réclament impérieusement de quoi se satisfaire. Seulement, puisque notre seuil de satisfaction, comme notre seuil de sensibilité, ne cesse de s'élever toujours plus haut en fonction des nouvelles habitudes que nous avons prises, des nouvelles normes inconscientes que nous avons établies et de nos exigences toujours plus grandes, nous ne sommes finalement *jamais* satisfaits. Nous restons toujours assoiffés, comme un alcoolique ou un drogué, et nous perdons une quantité énorme d'énergie à courir après la chimère d'une « dose » qui serait assez forte pour étancher notre soif une fois pour toutes. Cette métaphore très suggestive est développée avec autant de rigueur que de force dans « Propos sur l'intelligence », où Valéry cite de multiples exemples des formes d' « intoxication » extrêmement variées qui caractérisent notre époque :

L'homme, donc, s'enivre de dissipation. Abus de vitesse ; abus de lumière ; abus de toniques, de stupéfiants, d'excitants ; abus de fréquence dans les impressions ; abus de diversité ; abus de résonances ; abus de facilités ; abus de merveilles, abus de ces prodigieux moyens de *décrochage* ou de *déclenchement*, par l'artifice desquels d'immenses effets sont mis sous le doigt d'un enfant. Toute vie actuelle est inséparable de ces abus. Notre système organique, soumis de plus en plus à des expériences physiques et chimiques toujours nouvelles, se comporte à l'égard de ces puissances et de ces rythmes qu'on lui inflige à peu près comme il le fait à l'égard d'une intoxication insidieuse. Il s'accommode à son poison, il l'exige bientôt, il en trouve chaque jour la dose insuffisante.   (I, 1047-8)

Les exemples cités dans ce passage illustrent tous de manières différentes ce que Valéry appelle soit « l'intoxication par l'énergie », soit « l'abus d'intensité ». Il en donne ailleurs trois exemples encore plus explicites. D'abord l'évolution de la vue, au sujet de laquelle il écrit : « *L'œil, à l'époque de Ronsard, se contentait d'une chandelle, — si ce n'est d'une mèche trempée dans l'huile ; les érudits de ce temps-là, qui travaillaient volontiers la nuit, lisaient (et quels grimoires !), écrivaient sans difficulté, à quelque lueur mouvante et misérable. L'œil, aujourd'hui, réclame vingt, cinquante, cent bougies.* » (I, 1067).

Il cite ensuite le cas de l'ouïe, qui a connu, selon lui, une évolution semblable. Chez l'homme moderne, affirme-t-il, « *[l]'oreille exige toutes les puissances de l'orchestre, tolère les dissonances les plus féroces, s'accoutume au tonnerre des camions, aux sifflements, aux grincements, aux ronflements des machines, et parfois les veut retrouver dans la musique des concerts* » (I, 1067-8).

Le troisième exemple concerne un sens beaucoup plus diffus et moins tangible que nos cinq ou six sens traditionnels. Il s'agit en réalité d'une réaction de la sensibilité tout entière ; une sorte d'attente fébrile de quelque chose de « nouveau », de surprenant et de dramatique qui soit capable — enfin ! — de nous donner un vrai frisson : « [...] *les événements eux-mêmes sont réclamés comme une nourriture jamais assez relevée. S'il n'y a point, le matin, quelque grand malheur dans le monde, nous sentons un certain vide : "Il n'y a rien, aujourd'hui, dans les journaux ! " disons-nous. Nous voilà pris sur le fait, nous sommes tous empoisonnés.* » (I, 1068). Et l'ironie de cette réaction, si générale à notre époque, même chez les esprits de qualité, c'est que quand on apprend qu'encore une guerre vient d'éclater, ou qu'encore un gouvernement vient d'être renversé ou qu'encore une grande étape vient d'être franchie dans l'histoire de la recherche physique ou médicale, on n'éprouve en fin de compte aucun frisson du tout. On nous a tant rebattu les oreilles d' « actualités », toutes plus brûlantes et plus étonnantes les unes que les autres, on nous a tellement saturés et sursaturés d'émotions de plus en plus intenses, que nous éprouvons, selon la formule saisissante de Valéry, « *l'étrange impression de la monotonie de la nouveauté, et de l'ennui des merveilles et des extrêmes* » (1081). Là encore, nous réagissons en drogués, abrutis par des « doses » excessives d'événements et de chocs.

Il y a une autre forme d'intoxication de la sensibilité qui a particulièrement frappé Valéry chez l'homme moderne : c'est ce qu'il appelle « l'intoxication par la hâte ». Rien n'est plus rare chez nos contemporains, selon lui, que l'idée, et surtout la sensation, qu' « on a le temps », que l'objet qu'on veut atteindre, ce qu'on désire ou ce dont on a besoin (ou *croit* avoir besoin) peut très bien attendre. « [...] *ce sens intime de la distance entre le désir et la possession de son objet* [écrit Valéry], *qui n'est autre que le sens de la durée, ce sentiment du temps, qui se contentait jadis de la vitesse de la course des chevaux, il trouve aujourd'hui que les rapides sont bien lents, et que les messages électriques le font mourir de langueur.* » (I, 1068). Bien que cette attitude soit fortement influencée par le culte moderne de la rapidité pour la rapidité et par l'atmosphère de trépidation qui règne dans toute notre civilisation, Valéry ne considère pas qu'elle soit exclusivement d'origine psychologique. Il fait remarquer que si nos actes quotidiens sont de plus en plus mesurés en minutes et même en secondes, c'est en partie à cause de la généralisation dans les sociétés industrialisées de machines qui exigent ce degré de précision pour leurs opérations, et qui l'étendent par la suite imperceptiblement à des domaines où rien ne l'impose (1050).

Il n'en reste pas moins vrai que l'immense majorité de nos contemporains se sont laissé envahir, jusque dans le tréfonds même de leur être, par cette fausse impression de hâte et d'urgence qui détruit en eux une des plus grandes ressources à la fois intellectuelles et spirituelles de l'esprit : le sentiment du « temps libre » ou du « loisir intérieur ». Voici dans quels termes Valéry définit ce beau sentiment en voie de disparition, en prenant soin de le distinguer du loisir tout de surface (celui de la « semaine de quarante heures », des « week-end à la campagne » et des « grandes vacances ») qui est devenu pour des millions d'hommes et de femmes la seule forme de liberté et de paix concevable :

Le temps libre dont il s'agit n'est pas le loisir, tel qu'on l'entend d'ordinaire. Le loisir apparent existe encore, et même ce loisir apparent se défend et se généralise au moyen de mesures légales et de perfectionnements mécaniques contre la conquête des heures par l'activité. Les journées de travail sont mesurées et ses heures comptées par la loi. Mais je dis que le loisir intérieur, qui est tout autre chose que le loisir chronométrique, se perd. Nous perdons cette paix essentielle des profondeurs de l'être, cette absence sans prix, pendant laquelle les éléments les plus délicats de la vie se rafraîchissent et se réconfortent, pendant laquelle l'être, en quelque sorte, se lave du passé et du futur, de la conscience présente, des obligations suspendues et des attentes embusquées... Point de souci, point de lendemain, point de pression intérieure ; mais une sorte de repos dans l'absence, une vacance bienfaisante, qui rend l'esprit à sa liberté propre. Il ne s'occupe alors que de soi-même. Il est délié de ses devoirs envers la connaissance pratique et déchargé du soin des choses prochaines : il peut produire des formations pures comme des cristaux.

(I, 1068-9)

Passage admirable, à l'arrière-plan duquel on sent toute une longue expérience accumulée par Valéry pendant des dizaines de milliers d'heures de méditation tranquille et solitaire au petit matin devant ses cahiers — méditation que rien ne pressait, que rien ne venait jamais interrompre, et qui est peut-être le plus bel exemple de « loisir intérieur » soigneusement cultivé et volontairement maintenu envers et contre tout que nous offre l'histoire intellectuelle du vingtième siècle.

Ce sentiment de loisir paraissait à Valéry d'une importance capitale non seulement pour l'approfondissement de la pensée et de la personnalité, mais aussi pour tout acte de création. C'est là une des raisons principales pour lesquelles il a exprimé tant d'inquiétude au sujet de l'avenir de la création, surtout dans le domaine littéraire et artistique, car à ses yeux aucune œuvre d'art de qualité ne peut être créée sans ce qu'il appelle le « *loisir de mûrir* » (I, 1039). Or, le climat tout entier de la civilisation moderne, dominée par l' « *impatience* » (1044), la « *rapidité d'exécution* », les « *variations brusques de la technique* » et l' « *exigence du nouveau* », lui semblait s'opposer directement à cette nécessité première. En architecture, en peinture, en littérature, comme dans tous les autres domaines de l'art, il voyait avec consternation mourir autour de lui les vieilles traditions séculaires fondées sur une longue patience et une poursuite opiniâtre de la perfection.

Adieu, travaux infiniment lents, cathédrale de trois cents ans dont la croissance interminable s'accommodait curieusement des variations et des enrichissements successifs qu'elle semblait poursuivre et comme produire dans l'altitude ! Adieu, peinture à la longue obtenue par l'accumulation de transparents travaux, de couches claires et minces dont chacune attendait la suivante pendant des semaines, sans égard au *génie* ! Adieu, perfections du langage, méditations littéraires, et recherches qui faisaient les ouvrages à la fois comparables à des objets précieux et à des instruments de précision !... Nous voici *dans l'instant*, voués aux effets de choc et de contraste, et presque contraints à ne saisir que ce qu'illumine une excitation de hasard, et qui la suggère. Nous recherchons et apprécions l'*esquisse*, l'*ébauche*, les *brouillons*. La notion même d'*achèvement* est presque effacée.

C'est que le temps est passé, où le temps ne comptait pas.

(I, 1044-5)

Et cela est tout aussi vrai, selon Valéry, du « consommateur » des œuvres que du « producteur » qu'est l'artiste. « *Peinture et littérature contemporaines* [écrit-il dans les *Cahiers*], *visiblement faites pour un effet rapide — excluant contemplation réfléchie, examen du détail — Lecteur de journaux, frôleur d'affiches et de savantes devantures sont les chalands superficiels qu'il faut instan-*

tanément éveiller, rien qu'éveiller — pas enclore comme jadis dans un monde complet ». (*C*, IV, 296 ; *C2*, 1153-4).

Une autre condition que Valéry considérait comme indispensable pour créer une œuvre d'art digne de ce nom, c'est le « *dessein de durer* » (I, 1039), joint à la « *croyance à la postérité et à son jugement* ». Or à cet égard aussi, le but que poursuivent la plupart des créateurs modernes — à l'exception des savants — semble aller presque à l'encontre d'un tel idéal. Car, comme Valéry le constate avec tristesse, un nombre croissant d'entre eux se contentent de produire des œuvres qui répondent aux normes et aux goûts du moment, avec très peu de souci du lendemain et, dans beaucoup de cas, avec la conviction implicite que l'expression artistique est devenue un langage transitoire, fait pour « parler » à une seule génération et à une seule époque, ce qui aboutit aux yeux de Valéry à un rétrécissement potentiellement très dangereux des horizons de l'esprit.

Il faudrait évidemment nuancer beaucoup cette image certainement trop négative des tendances de la création moderne, ne fût-ce qu'en tenant compte d'autres aspects de la théorie esthétique (et de la pratique) de Valéry lui-même — par exemple, sa propre valorisation non seulement de la notion traditionnelle d'achèvement des œuvres, mais aussi, et en même temps, de la notion d'*in*achèvement, ou son goût très prononcé, exprimé maintes fois ailleurs, pour les ébauches, les brouillons et les œuvres « fragmentaires ».

Il faudrait aussi essayer de creuser les origines psychologiques profondes de cette évolution de l'art moderne que Valéry déplorait, tout en y participant dans une certaine mesure lui-même. À ses yeux, elles résident en partie dans le sentiment, chez l'homme contemporain, d'être dépassé par l'ensemble de ce que lui et ses prédécesseurs ont pensé et créé, de sorte qu'il se sent d'avance incapable d'en faire une synthèse et d'en avoir la vision globale nécessaire pour bien définir son propre apport et pour être sûr que cet apport est susceptible de durer. Il résulte en plus de cette attitude, toujours selon Valéry, la perte progressive d'une des principales forces motrices de la pensée et de la créativité : ce sens de l'autonomie intellectuelle propre à l'individu que Valéry admire si profondément chez un Léonard ou un Descartes. Comme il l'écrit dans « Propos sur l'intelligence » :

Notre civilisation tend à nous rendre indispensable tout un système de merveilles issues du travail passionné et combiné d'un assez grand nombre de très grands hommes et d'une foule de petits. Chacun de nous éprouve les bienfaits, porte le poids, reçoit la somme de ce total séculaire de vérités et de recettes capitalisées. Aucun de nous n'est capable de se passer de cet énorme héritage ; aucun de nous, capable de le supporter. Il n'y a plus d'homme qui puisse même envisager cet ensemble écrasant. C'est pourquoi les problèmes politiques, militaires, économiques deviennent si difficiles à résoudre, les chefs si rares, les erreurs de détail si peu négligeables. On assiste à la disparition de *l'homme qui pouvait être complet*, comme de l'homme qui pouvait matériellement se suffire.   (I, 1045)

C'est pour cette raison qu'on chercherait en vain l'équivalent moderne du « Cogito ergo sum », « *appel sonné par Descartes* [comme le dit Valéry] *à ses puissances égotistes* » (I, 807), affirmation pleine d'assurance et d'orgueil qui déclare à tous, et d'abord à soi-même :

[...] *Credo in me.*
J'ai confiance en moi.
Je Puis. —   (*C*, XX, 508 ; *CI*, 701)

Un autre facteur qui a beaucoup contribué, aux yeux de Valéry, au déclin du sentiment d'autonomie et de maîtrise individuelles a été la subordination de plus en plus grande de l'homme moderne à l'empire des machines. Cette subordination illustre encore une fois avec quelle facilité nous finissons par être accablés par nos propres créations et par la réussite même de notre propre technologie. Elle illustre aussi le parallèle très significatif qui existe entre l'intoxication de notre *sensibilité* et celle de notre *esprit*. Car les machines aussi font de nous des intoxiqués, liés à elles par un double rapport d'asservissement et de dépendance, et par une conviction croissante, qui envahit insensiblement notre mentalité tout entière, que nous ne pouvons pas nous passer d'elles. Comme Valéry l'écrit dans un passage d'une ironie mordante :

La machine gouverne. La vie humaine est rigoureusement enchaînée par elle, assujettie aux volontés terriblement exactes des mécanismes. Ces créatures des hommes sont exigeantes. Elles réagissent à présent sur leurs créateurs et les façonnent d'après elles. Il leur faut des humains bien dressés ; elles en effacent peu à peu les différences et les rendent propres à leur fonctionnement régulier, à l'uniformité de leurs régimes. Elles se font donc une humanité à leur usage, presque à leur image.

Il y a une sorte de pacte entre la machine et nous-mêmes, pacte comparable à ces terribles engagements que contracte le système nerveux avec les démons subtils de la classe des toxiques. Plus la machine nous semble utile, plus elle le devient ; plus elle le devient, plus nous devenons *incomplets*, incapables de nous en priver.

(I, 1045-6)

On peut se demander si Valéry n'exagère pas un peu ici l'aspect négatif de nos rapports avec les machines. Personne ne nierait l'existence du cercle vicieux qu'il évoque, ni de la relation de dépendance souvent tout à fait injustifiée et même pathologique qu'il crée. On n'a qu'à penser à cet égard d'abord à l'exemple de l'automobile et ensuite à celui de l'ordinateur, ce nouveau tyran de la civilisation moderne qui finit par nous obliger à plier de plus en plus de nos pensées et de nos actes aux normes arbitrairement imposées par les limites de ses capacités d'analyse et par son exigence dangereuse d'uniformité. Mais on pourrait répondre en partie à ces arguments pessimistes de Valéry par d'autres arguments qu'il a lui-même avancés concernant l'apport beaucoup plus positif de certains types de machines non seulement à l'amélioration de notre vie quotidienne mais aussi à l'enrichissement de notre vie mentale. Il insiste souvent, par exemple, sur le rôle crucial joué par des instruments scientifiques tels que les microscopes, les télescopes, les récepteurs d'ondes radioélectriques et les appareils de radiographie comme extension artificielle de nos sens, nous permettant d'agrandir et d'amplifier énormément des effets physiques ou biologiques qui nous seraient restés sans leur intervention complètement cachés, soit en raison de leurs très petites dimensions, soit en raison de leur extrême éloignement. Il va même jusqu'à voir dans ces « relais », pour employer son propre terme, une des acquisitions les plus importantes de la science du vingtième siècle, qui ouvre sur le monde physique des horizons tout à fait nouveaux, et beaucoup plus vastes que ceux auxquels nos sens nous donneraient normalement accès. Comme il l'écrit dans les *Cahiers* sous le titre « Science " moderne " et relais » : « *Où nous cessons de voir, et même de concevoir le visible — nous pouvons encore* » (*C*, XXII, 495 ; *C2*, 903) — c'est-à-dire que nous disposons maintenant d'appareils et de techniques qui nous permettent d'agir même sur des phénomènes qui échappent entièrement à notre perception directe. L'exemple de ce pouvoir nouveau que Valéry cite le plus volontiers et qui semble l'avoir le plus frappé, c'est la célèbre chambre de Wilson, qui permet d'observer et de photographier les trajectoires normalement tout à fait invisibles des particules élémentaires [6].

D'autres appareils encore dont Valéry a lui-même prôné le principe bien avant leur réalisation pratique ont permis un autre genre d'accroissement des pouvoirs de l'esprit, par l'extension de l'imagination. Il s'agit des « modèles » mécaniques et électriques du fonctionnement mental qui ont été développés depuis la Deuxième guerre mondiale par les cybernéticiens. Les « tortues électroniques » de Grey Walter et l' « homéostat » de Ross Ashby ne sont que deux exemples parmi des dizaines d'autres de machines cybernétiques qui proposent à notre imagination de nouvelles façons d'envisager les processus mentaux à travers des représentations simplifiées de quelques-uns de leurs fonctionnements de base. En quoi ils ne font que concrétiser — et avec quel succès éclatant ! — le rêve de Valéry si souvent exprimé dans les *Cahiers* [7].

Et même en ce qui concerne les ordinateurs, il faut reconnaître objectivement le rôle constructif qu'ils jouent dans l'extension de nos possibilités de calcul. En s'occupant à notre place des calculs élémentaires et routiniers, ils libèrent les facultés supérieures de notre esprit pour d'autres calculs plus complexes et plus novateurs, ce qui représente une très grande économie d'énergie intellectuelle.

Tout cela est vrai, répondrait Valéry, mais reste un problème capital quoique rarement énoncé : celui de savoir si le développement de tous ces moyens modernes qui « *dispensent du travail patient et difficile de l'esprit* » (I, 1037) ne va pas à la longue réduire et même supprimer en nous l'habitude et jusqu'au goût de l'effort de penser et de raisonner par nous-mêmes. Il cite à cet égard cinq catégories d'appareils et de techniques récents qui constituent à ses yeux un danger au moins virtuel : premièrement « *les modes de fixation qui soulagent la mémoire* » (1043), deuxièmement « *les merveilleuses machines qui économisent le travail calculateur de la tête* » (les ordinateurs, justement, entre autres), troisièmement « *les symboles et les méthodes qui permettent de faire entrer toute une science dans quelques signes* », quatrièmement « *les facilités admirables que l'on s'est créées de faire* voir *ce qu'il fallait jadis faire* comprendre » (1043-4) (c'est toute une tendance de notre civilisation « audio-visuelle » qui est visée ici), et cinquièmement « *l'enregistrement direct et la restitution à volonté des images* » (1044) (on pense à ces essaims de touristes en autocar qui, arrêtés devant un site ou un monument superbe, sont si préoccupés par l'acte technique de le photographier qu'ils oublient complètement de le regarder, de s'en laisser pénétrer assez longuement et assez profondément pour constituer en eux un autre genre d'image qui serait tout intérieure).

Valéry a-t-il raison ou tort ? Quel est le bilan exact des apports positifs et négatifs des machines et des techniques qui constituent à la fois l'orgueil et le fléau de notre époque ? Le débat sur cette question, comme sur tant d'autres du même type que Valéry soulève, pourrait se prolonger indéfiniment.

Mais quel que soit le jugement que nous portons sur les milliers de machines « *de cuivre ou d'acier* « (I, 1046) qui pullulent dans le monde moderne, il ne faut pas oublier qu'il en existe aussi d'une autre sorte qui sont peut-être plus redoutables encore : celles que Valéry appelle les « *machines administratives, construites à l'imitation d'un esprit* en ce qu'il a d'impersonnel ».

146

La description qu'il nous donne de ces appareils kafkaïens qui s'infiltrent partout, dévorant tout, dominant tout, et réduisant tout à des concepts primaires et parfaitement inhumains, est d'une terrible vérité :

La civilisation se mesure par la multiplication et la croissance de ces espèces. On peut les assimiler à des êtres énormes, grossièrement sensibles, à peine conscients, mais excessivement pourvus de toutes les fonctions élémentaires et permanentes d'un système nerveux démesurément grossi. Tout ce qui est relation, transmission, convention, correspondance, se voit en eux à l'échelle monstrueuse d'un *homme par cellule*. Ils sont doués d'une mémoire sans limites, quoique aussi fragile que la fibre du papier. Ils y puisent tous leurs réflexes dont la table est loi, règlements, statuts, précédents. Ces machines ne laissent point de mortel qu'elles ne l'absorbent dans leur structure et n'en fassent un sujet de leurs opérations, un élément quelconque de leurs cycles. (I, 1046)

Parler allégrement de la « liberté de l'esprit » devant une telle mainmise de l'organisation abstraite sur la vie individuelle de l'homme, c'est évidemment un non-sens. « *Chacun de nous* [écrit Valéry] *est une pièce de quelqu'un de ces systèmes, ou plutôt appartient toujours à plusieurs systèmes différents ; et il abandonne à chacun d'eux une part de la propriété de soi, comme il emprunte de chacun d'eux une part de sa définition sociale et de sa licence d'être.* » (I, 1047). Et ce qu'il y a de plus paradoxal dans cette domination généralisée de l'homme par des structures inhumaines, c'est qu'elle semble être devenue indépendante des régimes sociaux et économiques, comme le montre son extension inouïe à la fois dans les pays dits « capitalistes » et dans ceux dits « socialistes » ou « communistes ».

On peut en dire autant, d'ailleurs, de cette autre forme d'empire du collectif sur l'individuel qu'est l'organisation politique. Il n'est que trop facile d'être frappé, comme Valéry l'a été lui-même entre les deux guerres, par les abus du pouvoir et la « politisation » croissante de tous les domaines de la vie chez les *autres*. Il écrit, par exemple, en 1935, en pensant à l'évolution de l'Allemagne, de l'Italie, de l'Espagne, et sans doute aussi de la Russie :

[...] dans trois ou quatre grands pays, la jeunesse tout entière est, depuis quelques années, soumise à un traitement éducatif de caractère essentiellement politique. *Politique d'abord*, tel est le principe des programmes et des disciplines scolaires dans ces nations. Ces programmes et ces disciplines sont ordonnés à la formation uniforme des jeunes esprits, et des intentions politiques et sociales remarquablement précises l'emportent ici sur toutes considérations de culture. Les moindres détails de la vie scolaire, les manières inculquées, les jeux, les lectures offertes aux jeunes gens, tout doit concourir à en faire des hommes adaptés à une structure sociale et à des desseins nationaux ou sociaux parfaitement déterminés. La liberté de l'esprit est résolument subordonnée à la doctrine d'État, doctrine qui, sans doute, varie suivant les nations dans ses principes, mais qui est, on peut le dire, identique partout, quant à l'objectif d'uniformité souhaité. *L'État se fait ses hommes.*   (I, 1072)

Page étonnamment prémonitoire, qui décrit parfaitement l'évolution beaucoup plus récente de plusieurs pays asiatiques. Mais attention ! Le grand danger de ce genre d'analyse, comme Valéry nous le rappelle, c'est de nous permettre de nous leurrer en déversant sur nos voisins ou nos adversaires réels ou hypothétiques des critiques que nous pourrions tout aussi bien retourner contre nous-mêmes. Vivre dans une prétendue « démocratie », appartenir à une société prétendue « libre » ou « libérale », ce n'est pas forcément être à l'abri des abus de pouvoir systématiques et systématisés. Bien au contraire, et cela d'autant plus que de tels abus nous sont habituellement cachés par la doctrine traditionnelle qui veut que les contraintes imposées par la majorité de la population, même les plus dures et les plus excessives, sont mystérieusement justifiées par leur origine « démocratique ». Prenant l'exemple précis de la France contemporaine, Valéry écrit à se sujet :

Dans ce pays qui est libre, il est rigoureusement interdit de puiser dans la mer un verre d'eau, de cultiver dix pieds de tabac, et pour un peu il y serait dangereux d'allumer un cigare au soleil avec une loupe. Tout ceci est fort sage sans doute, et se doit justifier quelque part. Mais la pression n'en existe pas moins, et voici la remarque où je voulais en venir : le nombre et la force des contraintes d'origine légale est peut-être plus grand qu'il ne l'a jamais été. La loi saisit l'homme dès le berceau [...]. Elle l'oblige à quantité d'actes rituels, d'aveux, de prestations, et qu'il s'agisse de ses biens ou de son travail elle l'assujettit à ses décrets dont la complication et le nombre sont tels que personne ne les peut connaître et presque personne les interpréter.

Je suis près d'en conclure que la liberté politique est le plus sûr moyen de rendre les hommes esclaves, car ces contraintes sont supposées émaner de la volonté de tous, qu'on ne peut guère y contredire, et que ce genre de gênes et d'exactions imposées par une autorité sans visage, tout abstraite et impersonnelle, agit avec l'insensibilité, la puissance froide et inévitable d'un mécanisme, qui, depuis la naissance jusqu'à la mort, transforme chaque vie individuelle en élément indiscernable de je ne sais quelle existence monstrueuse.   (II, 963-4)

*

Voilà, dira-t-on, un tableau bien sombre — quoiqu'on en trouve de plus noirs encore [8] — de la civilisation moderne et de son impact sur notre vie et, plus encore, sur notre esprit. Que faut-il donc *faire*, qu'est-il encore *possible* de faire, pour lutter contre tous ces dangers, pour parer à toutes ces menaces de restriction et de diminution de notre liberté intérieure et du champ d'exercice de notre pouvoir mental ?

Il est évident qu'il serait théoriquement possible d'essayer de résoudre le problème par la base, c'est-à-dire en modifiant en profondeur les tendances de l'évolution sociale dont les effets risquent d'être si néfastes. Mais aux yeux de Valéry une telle modification devient de plus en plus difficile à réaliser en raison du nombre inouï de facteurs dont il faudrait tenir compte et de la complexité extrême de leur interdépendance, qui se reflète dans la quasi-impossibilité de séparer à l'intérieur de tel ensemble de phénomènes ce qui est élément de « progrès » et ce qui est cause potentielle de régression, ce qui est favorable et ce qui est nuisible à l'amélioration de la vie de l'individu ou de l'espèce. « *L'homme moderne* [affirme Valéry] *est l'esclave de la modernité* [...]. » (II, 968) ; son émancipation sur certains plans entraîne presque inévitablement son asservissement sur d'autres, et comment, au milieu d'un tel enchevêtrement, distinguer entre

149

le bon et le mauvais ? Même si on était sûr de pouvoir le faire sans se tromper, comment choisir des moyens d'action réellement efficaces ? Car, contrairement à une opinion très répandue de nos jours, Valéry ne croit pas que la solution des problèmes du monde contemporain qui le préoccupent soit d'ordre exclusivement ni même principalement politique et économique. Il est, au contraire, persuadé — et son point de vue mérite réflexion — que la plupart des aspects de la civilisation moderne qui nuisent directement à la qualité de la vie de l'esprit ont leur origine dans les effets de la technologie et du machinisme dont l'immense influence tentaculaire ne cesse de s'étendre partout, indépendamment des systèmes politiques et des changements, même radicaux, de régime.

Faudrait-il donc désespérer et nous laisser aller à subir passivement notre sort ? Certainement pas. Malgré le pessimisme général de leur ton, il se dégage des écrits de Valéry sur notre époque plusieurs leçons implicites concernant les réactions positives que chacun peut avoir, et même qu'il doit avoir, sur le plan individuel devant la situation dans laquelle il se trouve. En tout premier lieu, il doit commencer, selon Valéry, par prendre nettement conscience non seulement des méfaits de la civilisation contemporaine conçus d'une façon globale et abstraite, mais aussi de la nature *précise* de leur influence sur sa *propre* vie intérieure. Dans la mesure où cette influence se révèle néfaste, il doit également prendre conscience des éléments précis de son univers mental, de sa manière de penser et de sa sensibilité qui lui paraissent les plus précieux et les plus importants à protéger et à préserver, ce qui présuppose de sa part une analyse extrêmement lucide et rigoureuse.

Il faut ensuite qu'il ait le courage, la volonté et la fermeté nécessaires pour savoir dire « non » à tous les aspects de la vie moderne qui représentent un danger pour cette partie en quelque sorte réservée de lui-même. « *Jamais* [écrit Valéry] *ne fut plus difficile le non-entraînement par l'époque* » (*C*, XXI, 688 ; *C2*, 1497) — tout nous y pousse. « *Mais* [ajoute-t-il] *la dignité de l'homme est de se regimber — C'est à* l'individu *qu'il appartient de nager contre le courant* » (C, VI, 237 ; C2, 1183). Cela ne sert à rien selon lui de se lamenter, de déclamer dans le vide contre le « modernisme » comme l'ont fait tant d'écrivains et de penseurs depuis les romantiques : il s'agit, au contraire, de réagir et de se défendre.

Se défendre d'abord contre l'éparpillement de son activité et de son attention et contre la dissipation de son énergie par la recherche constante, à la manière de Gladiator, du maximum d' « économie » [9]. Se défendre ensuite contre la contagion de sa pensée et de sa sensibilité par les attitudes et les systèmes de valeurs des autres, et par les innombrables pressions que la société moderne exerce sur chacun de ses membres, pressions comme celle de la publicité, cette « *fabrication industrielle des goûts et des dégoûts* » (C, XXI, 689 ; C2, 1497) qui risque constamment de nous faire oublier que ce que nous voulons, c'est *nous* qui le savons le mieux, et que ce qui est bon pour nous, c'est *nous*, et nous seuls, qui devons en juger.

Il faut enfin savoir se défendre contre l'invasion de son intimité à la fois intellectuelle et spirituelle par tout ce qui lui est extérieur, par toutes ces sollicitations, toutes ces « nouvelles », tous ces événements passagers, toutes ces « nouveautés » du jour dont nos contemporains se passent si difficilement. Au fond de la nature de Valéry il y avait, malgré sa grande sociabilité, quelque chose de très monacal, un sentiment de la valeur de la solitude et de la réclusion, une conscience de l'importance pour la vie de l'esprit et de l'âme d'une certaine qualité de silence intérieur, qui lui ont énormément servi dans sa lutte quotidienne contre toutes les formes de dispersion dont il était la proie. Et il était convaincu que la tradition monastique, dont il a souvent loué la profonde sagesse, renferme une leçon très précieuse pour tout le monde, et surtout pour l'homme moderne.

— Je *songe* [*écrit-il dans un beau passage des* Cahiers *consacré aux « inventions admirables » de l'Église*] *à la restitution des valeurs de l'intellect* ou du moins à leur préservation.
— Peut-être a-t-il fallu le système des monastères du Xe et XIe siècles

pour reconstituer un *esprit* — — libre et puissant contre l'état des choses et des hommes en ce temps-là.

Le monastère, cocon où le ver spirituel put attendre le temps de ses ailes. Turris eburnea.   (*C*, XIX, 507 ; *CI*, 369-70)

Non pas que Valéry nous conseille d'aller tous nous faire moines ! Son propos est beaucoup plus métaphorique. Le grand problème pour l'homme moderne, comme déjà pour M. Teste, c'est à son sens de savoir faire une île de son esprit, et de savoir la fortifier contre les attaques et les intrusions.

Mais, si nécessaire que soit ce mouvement d'autodéfense, Valéry insiste sur le fait qu'il ne faudrait pas s'y enfermer. Son dernier conseil aux fils du vingtième siècle finissant que nous sommes, c'est un conseil d'activité vigilante. Ce qui importe peut-être le plus à ses yeux, c'est que l'homme de demain ne cesse jamais d'exercer activement son esprit de façon à le rendre de plus en plus flexible, de plus en plus capable de s'adapter et de se transformer. Cette flexibilité lui paraît d'autant plus essentielle que la caractéristique la plus frappante de notre époque, c'est l'imprévisibilité absolue de son évolution. Il importe donc au plus haut point que chacun se tienne, comme le dit Valéry, « *prêt à tout* » (I, 1040) [10], et qu'en attendant il prépare consciemment son esprit, par un entraînement volontaire de toutes ses capacités, à affronter avec le maximum de souplesse et le minimum de rigidité, le maximum d'ouverture et le minimum de partis pris, tout ce que l'avenir peut nous réserver.

D'ailleurs, aux yeux de Valéry rien ne prouve que cet avenir risque forcément d'être aussi sombre que certaines des peintures qu'il en fait. Ce serait une grande erreur de voir en lui un ennemi inconditionnel de la civilisation moderne ou un homme foncièrement mal adapté à son époque. De très nombreux passages des *Cahiers* montrent, au contraire, combien son intellect et son imagination ont été stimulés, excités même, par tous les horizons nouveaux qu'ouvrent devant nous l'évolution de las cience, par exemple, et tous les nouveaux « points de vue », philosophiques et autres, qu'elle a imposés à nos façons traditionnelles d'envisager le monde. Dans ce domaine, comme dans beaucoup d'autres, Valéry, loin d'être en retard sur son époque, a été très en avance sur elle, et a su discerner bien avant la plupart de ses contemporains les profondes modifications qu'elle allait faire subir à l'orientation fondamentale de nos esprits. Ce qu'il tenait essentiellement à souligner, c'était que puisque ces modifications sont devenues inévitables, il faudra que nous en soyons pleinement conscients, et que nous en restions dans toute la mesure du possible les maîtres.

NOTES

1. Sur la question capitale des bornes à la fois physiques et psychiques de l'esprit, voir mon ouvrage *L'Analyse de l'esprit dans les « Cahiers » de Valéry* (Paris, José Corti, 1963), chap. VIII.

2. Voir, à titre d'exemple, Pierre ROULIN, *Paul Valéry témoin et juge du monde moderne* (Neuchâtel, La Baconnière, 1964), ouvrage par ailleurs intéressant.

3. Voir « La Politique de l'esprit » (I, 1038).

4. Voir mon étude « Comment aborder le " Système " de Valéry ? — problèmes de base » (*PV3*, 7–37), particulièrement pp. 10-1.

5. Voir « Propos sur l'intelligence » (I, 1050).

6. Voir *C*, XV, 407 ; *C2*, 882.

7. Voir, sur les travaux de Grey Walter et de Ross Ashby, l'excellent ouvrage de Pierre DE LATIL, *La Pensée artificielle* (Paris, Gallimard, 1953), chap. X et XIII.

8. Voir, par exemple, les réflexions de René Huyghe, historien et philosophe de l'art, dans le chapitre « Situation du XXe siècle » de son ouvrage *Formes et forces : de l'atome à Rembrandt* (Paris, Flammarion, 1971). On remarquera les nombreuses parentés entre sa pensée et celle de Valéry, bien que la sienne soit sensiblement plus pessimiste (pp. 420–2, 425).

9. Voir à ce sujet *C1*, 339 et 362.

10. Il est intéressant de constater que Valéry reprend cette même idée dans le dernier message qu'il ait adressé à ses contemporains, une courte émission intitulée *La Renaissance de la liberté*, qui a été radiodiffusée en mai 1945, deux mois seulement avant sa mort.

8

LE POUVOIR DE L'ESPRIT

Table ronde

M. Décaudin. — Cette table ronde présente un caractère un peu particulier, du fait qu'elle doit englober les débats relatifs aux communications de la dernière journée. Elle a donc un programme extrêmement vaste, que nous ne parviendrons à remplir qu'à deux conditions : la première est que chacun de nous accepte de se limiter dans le temps, la deuxième que nous évitions de recommencer dans nos interventions des discussions qui ont déjà eu lieu ou de reprendre des positions qui ont déjà été proposées ; il y a, nous le savons, des positions qui sont incompatibles et des discussions qui peuvent se prolonger indéfiniment. C'est à ce prix que nos débats conserveront des proportions décentes. Je demande donc tout de suite qui veut intervenir sur la belle communication de Mme Robinson, que nous venons d'entendre.

Mme Laurenti. — J'interviendrai volontiers pour dire à Mme Robinson l'effet très personnel qu'ont produit sur moi ses propos : presque un effet de « revécu », qui m'amène maintenant à quelques réflexions. J'ai retrouvé en l'écoutant cette sorte d'antinomie autrefois éprouvée dès mon premier contact avec l'œuvre de Valéry. Je veux dire que, comme tout un chacun, j'ai connu d'abord ce grand enthousiasme qu'on éprouve quand on est très jeune à la révélation d'une pensée très aiguisée, qui vous donne le plaisir de voir exprimées quantité de choses qu'on sent latentes en soi et dont on voudrait trouver soi-même l'expression ; et puis, progressivement, à mesure que paraissaient, avec les derniers volumes de *Variété*, les *Tel quel*, etc., tous les textes où passaient, sans que nous le sachions alors, bien des éléments de la recherche valéryenne sur

155

l'esprit et son pouvoir, s'installait le sentiment que cette espèce de bilan (qui touchait non seulement à Valéry lui-même, mais à toute l'époque contemporaine) était, certes, d'une très grande efficacité et d'une remarquable précision, mais aussi tendait, par ses aspects négatifs, à nous enfermer dans le piège d'un passé dont nous n'étions que trop nourris, ne serait-ce que par nos études universitaires, et qui s'éloignait de notre vie. La gêne venait du sentiment de coupure que donnait cette application d'un grand esprit à résister à l'actuel, à se faire son île et à la maintenir envers et contre tout. La cohérence des textes, quel que soit le sujet traité, ne faisait que renforcer cette impression (et cela répondait bien, mais nous ne le savions pas, aux intentions du « Système », était comme nécessairement inclus dans la démarche généralisante de la recherche sur l'intellect). Or, il est certain que, pour si séduisant que soit le culte de l'esprit, un autre mouvement, plus naturel sans doute, mais qui peut aussi relever d'une réelle lucidité, nous porte à vivre et à penser avec notre temps — je veux dire à nous créer des modes de pensée qui correspondent à l'univers dans lequel nous vivons, et aux activités qui sont propres à notre époque et ne peuvent plus être celles des époques précédentes. Comme ce décalage a été extrêmement rapide, on comprend qu'un homme comme Valéry y ait été très sensible ; mais ses propos, qui nous comblaient par la finesse de l'analyse, étaient forcément ressentis par un lecteur qui les recevait dans toute leur nouveauté comme ceux d'un homme du passé. Je me souviens du lecteur que j'étais, et du regret que j'en éprouvais. La gêne était accrue par le fait que Valéry reporte ce genre de réflexion négative (vous y avez fait allusion) à la création littéraire. C'était s'enfermer, sur ce point encore, dans une condamnation radicale de toutes sortes d'autres formes qu'en dépit de mon adhésion à ces lois esthétiques exprimées par Valéry et qui me paraissaient fondamentales, j'avais quand même envie d'aimer et d'admirer. Un Apollinaire, par exemple, n'est pas coupé de la poésie parce qu'il écrit dans l'instantané ; la pensée poétique de Breton se situe, elle aussi, dans un absolu — différent de l'absolu valéryen, mais absolu également —, et ne peut, par conséquent, être quelque chose de passager. C'était là donc une impression d'impasse assez choquante, qui s'accordait mal avec la séduction spirituelle incontestable que pouvaient exercer « à chaud », en quelque sorte, et en un temps où l'on ignorait tout des *Cahiers*, les écrits de Valéry. Je m'excuse du tour personnel de mes propos ;

je voudrais simplement qu'ils aident à lancer un débat sur un problème que l'exposé de Mme Robinson a très nettement soulevé et que je considère comme très important.

Mme Robinson. — Je comprends très bien votre sentiment, que je partage en partie. Pour en venir tout de suite à ce que vous disiez sur les normes esthétiques de Valéry, je suis tout à fait d'accord avec vous que la valorisation de l'instantané chez Apollinaire, par exemple, ne fait pas forcément de lui un mauvais poète, bien au contraire ! Du reste, quoi qu'il en dise dans ses écrits théoriques, il existe aussi chez Valéry lui-même un goût très marqué pour un type d'écriture beaucoup plus instantané, plus spontané, plus libre et plus « ouvert » que celui qu'il prône souvent. Je pense en particulier au style des « petits poèmes abstraits » des *Cahiers*, qui est on ne peut plus différent de celui de *Charmes* ou de *La Jeune Parque*, et qui frappe de nombreux lecteurs par son extrême modernité. On retrouve ce même goût pour l'expression artistique de l'instantané, de la sensation ou de la perception immédiate du moment, fût-elle extrêmement fugitive, dans beaucoup de dessins de Valéry, comme par ailleurs dans les dessins de Degas ou même de Picasso, pour lesquels il avait une grande admiration. Ses conceptions esthétiques étaient beaucoup plus nuancées et beaucoup plus diversifiées qu'on ne le pense souvent ; pour s'en convaincre, on n'a qu'à observer sa propre pratique.

On peut faire la même remarque à propos de son attitude à l'égard de la nouveauté. D'un côté il s'indigne (comme nous tous, je pense) devant cette sorte de culte de la nouveauté pour la nouveauté qui caractérise notre époque, mais d'un autre côté il était profondément conscient, comme je l'ai indiqué à la fin de mon exposé, de toutes les formes de nouveauté plus profondément intellectuelles et conceptuelles qui sont venues enrichir d'une façon *positive* notre vision du monde depuis la fin du siècle dernier, dans le domaine de la science comme dans beaucoup d'autres. Dans ce sens-là, il me paraît tout aussi bien adapté, sinon plus, à l'évolution du monde moderne que la plupart des écrivains de sa génération (je dis bien de sa génération à lui, et non pas de la génération suivante, dont l'optique était forcément différente).

Mais ce qui me paraît le plus important dans les textes que je vous ai cités, c'est moins la question de savoir s'ils entraînent notre adhésion sur tel ou tel point particulier que le problème général de savoir si le pouvoir de notre esprit reste statique ou s'il change avec le temps, s'il est modifié par le contexte historique dans lequel il s'exerce. Ce problème, qui n'a pas été soulevé par les autres communications, est à mon avis capital.

Mme CELEYRETTE-PIÉTRI. — Le problème du rapport de l'esprit avec un certain état de la civilisation s'est posé en tout temps, et tout progrès a, comme l'écriture, le caractère ambigu d'un *pharmakon*. L'homme de l'esprit entre souvent dans l'avenir « à reculons », parce qu'il pressent le danger de ses propres créations. Ainsi Descartes en qui Valéry voit le précurseur de la civilisation moderne. Il met au point le symbolisme algébrique, et n'en fait pas usage dans ses lettres à Mersenne où il résout des problèmes sans nul de « ces moyens qui soulagent l'esprit » ; et il révèle là une maîtrise des idées mathématiques, un *pouvoir* aujourd'hui perdu. Il est cette « personne forte », ce « magnifique Moi » qui inaugure, avec l'empire de la mesure, l'ère de l'impersonnalité dont il se préserve par une « solitude portative ». L'*objectivité* vers laquelle tend le Système comporte le même risque. L'esprit finit par être étouffé par ses techniques et Valéry, dont l'époque d'élection est le xviiie siècle, voit bien qu'il ne naît plus de Leibniz ou de Goethe et que se joue un « crépuscule des demi-dieux ». La soif de connaissance est peut-être toxique, mais elle est une forme du sentiment de manque qui en tout domaine pousse l'homme à agir. C'est le fonctionnement énergie-entropie qui s'installe sitôt qu'il n'y a plus inertie.

M. BASTET. — Je voudrais simplement ajouter que, si cet exposé correspond tout à fait à la maturité de l'engagement valéryen, on assiste dans les dernières années à une dramatisation très caractéristique de la pensée valéryenne. Dramatisation qui demeure d'un ordre ambigu, conflictuel. Valéry a écrit dans un des derniers cahiers ; « Je ne décide pas, je vois une aventure » — mais une aventure dont il prévoit ou bien, justement, qu'elle ne peut aboutir qu'à une catastrophe, au moment où « *l'homo sapiens redevient une bête* » (texte inédit du « IIIe Faust »), une dissolution absolue de la civilisation qui serait, au fond, l'effet destructeur de l'esprit sur lui-même (c'est l'aventure même de l'esprit qui se retourne contre soi et finit par détruire et la vie et lui-même) — ou bien alors il s'exprime chez Valéry la tentation d'aborder très franchement l'aventure avec la conscience qu'elle ne fait encore que se deviner, qu'on entrevoit simplement le moment où elle peut commencer, parce que le véritable développement à attendre serait la modification de l'homme par lui-même, par le progrès de la biologie. Dans les dernières années il est particulièrement fasciné par cette possibilité pour l'esprit de toucher à la structure même de la vie, jusque-là absolument intangible. Il dit : « *Si la biologie parvient à modifier la vie très profondément, on verra peut-être des êtres qui conserveront une part des caractères connus de la vie et qui prendront d'autre part des propriétés incompatibles avec elle. La nature devient une notion variable. Jusqu'ici elle ne variait que dans le cadre de son ipséité ou selon notre application à l'étudier. La vie considérée comme une matière modelable, quelle nouveauté !* » Et il ajoute dans un autre texte qui évoque la même idée : « *Cela a-t-il un sens ? Certainement pas encore. Il est trop tôt.* » Ces textes datent de 1943 ou 1944, et figurent parmi les brouillons du « IIIe Faust ».

Mme ROBINSON. — C'est une des formes de l'optimisme valéryen...

M. BASTET. — Cela m'apparaît surtout comme un doute, le sentiment d'une aventure folle qui peut conduire à n'importe quoi, avec la conviction que cette aventure est sur le seuil et peut prendre un développement radicalement nouveau, différent même de ce qu'a pu faire imaginer le progrès technique et scientifique du siècle précédent.

M. MOUTOTE. — L'exposé de Mme Robinson me laisse l'impression d'un Valéry finalement mal accordé à son temps. De fait, au XXe siècle, à une époque où l'on découvre la vie du groupe — le surréalisme impose la vie du groupe —, Valéry défend nettement et très fortement les droits de l'individu, et il regimbe même contre cette société qui écrase l'individu. C'est une forme de pensée qui a sa grandeur, et même si l'on devait de temps en temps passer par des périodes de vie de groupe, il faudrait quand même revenir à des vies individuelles. Je crois cependant qu'il ne faut pas faire de Valéry un homme à ce point en retard sur son temps. On pourrait dire, en parlant de l'art, que Valéry a fait des vers classiques au XXe siècle ; mais, si on y prête bien attention, les vers classiques de Valéry sont tout autres que ceux de Racine. Il y a peut-être plus de souplesse dans les vers réguliers de Valéry que sous la forme libre de tel ou tel poème. Et nous relisons toujours *La Jeune Parque* avec ravissement parce que sous ses vers réguliers il y a des symphonies infiniment diverses et neuves. Il en est de même au point de vue de la pensée. Je me demande si, sous cet aspect réactionnaire qu'on peut déceler dans l'attitude de Valéry, il n'y a pas un autre aspect, qui est d'abord de prendre conscience à titre individuel des poisons de la société. Car toutes ces machines qui nous écrasent, au fond, c'est le produit de l'esprit lui-même. Et il y a chez lui, comme le disait Ned Bastet, toute une attention accordée au côté physiologique qui va contre les excès de l'intellectualisme, mais il me semble aussi toute une technique, une procédure pour tâcher de lutter contre ces excès de l'envahissement du dehors, contre ces produits qui rejaillissent sur l'esprit pour l'écraser : une technique d'assouplissement, en quelque sorte, un effort pour assouplir l'être, pour l'adapter. Je vois en Valéry un être infiniment souple, pour qui la fin de l'activité intellectuelle n'est pas de découvrir des idées, des concepts ou des machines, mais d'assimiler ses propres conquêtes. Je le verrais donc dans un individualisme conquérant, et c'est là que son égotisme est très grand : il est récurrent, il revient sur lui-même, et c'est dans cet ajout des découvertes à soi que l'individualisme retrouve sa grandeur.

Mme Robinson. — Vous avez tout à fait raison, mais reste à savoir si l'adaptation biologique et psychologique de l'homme moderne sera assez souple, justement, et assez rapide pour lui permettre de parer à toutes les agressions, réelles ou virtuelles, évoquées par Valéry.

M. Mandin. — Pour moi, médecin, votre communication, qui m'a beaucoup intéressé, suscite quelques remarques. Je pense d'abord que ce qui est important, c'est que vous en arrivez d'emblée au triptyque « C.E.M. » : vous partez de là, et Valéry n'est jamais considéré en tant que lui-même. Je crois que c'était là le grand problème de Valéry, qui a fait en humaniste un tableau du « mal français » de 1936. Donc, partant de ces trois éléments, vous avez examiné en quoi le monde agit sur le corps, et en particulier sur les sens. Vous en avez analysé deux, les cinq seraient évidemment à étudier. C'est un point très important, parce que, à l'heure actuelle, et je le vois pour les étudiants en médecine, les gens ne savent plus observer. La perception est en défaut. Est-ce le seuil d'intensité qui est relevé, est-ce un défaut d'apprentissage ? Toujours est-il qu'il y a carence. Il est certain que les sens ne sont plus éduqués dès le plus jeune âge. Les sensations élémentaires ne sont pas perçues. Je crois que c'est cela qu'il faut développer comme élément de base. Tout à l'heure Mme Laurenti a posé le problème : est-ce que le pouvoir de l'esprit est variable avec le temps et avec l'histoire ? Mais c'est évident ; dans des conditions différentes les mécanismes psychosomatiques sont modifiés.

Un deuxième problème est le temps. Maintenant, on travaille à la hâte ; c'est le grand défaut que Valéry a bien spécifié. Ainsi nous, médecins, on nous fait travailler en urgence toute la journée, et ce sont la plupart du temps de fausses urgences. Or, cette hâte supprime la hiérarchie des valeurs.

M. DÉCAUDIN. — Nous pourrons maintenant, si vous le voulez bien, échanger quelques réflexions sur les idées exprimées ce matin par M. Kaufmann. Et je vous demanderai sur ce point encore d'observer une certaine discipline. Nous sommes tous tentés, et je le suis en tout premier lieu, d'interroger M. Kaufmann sur des problèmes purement mathématiques qu'il a évoqués (notions de fonction, de désordre, etc.) ; mais je crois que nous devrions essayer d'orienter le plus possible ce jeu de questions et cette discussion sur leur relation avec Valéry et avec cette notion de pouvoir de l'esprit que nous avons essayé de cerner.

M. BELAVAL. — Je voudrais interroger M. Kaufmann, d'abord, sur l'idée même de désordre. Est-ce le négatif de l'idée d'ordre ? Alors, l'idée d'ordre serait première par rapport à celle de désordre, même si, dans le temps, on commence par le désordre. Vous avez insisté sur le fait — vérifiable dans l'histoire des sciences — que la généralisation absorbait peu à peu les paradoxes et que, finalement, on retrouvait de l'ordre. Par exemple, Descartes rencontre dans l'équation de Cardan une racine inimaginable, $\sqrt{-1}$, qu'il appelle nombre « imaginaire », et l'exclut ; cet imaginaire, pour le mathématicien d'aujourd'hui, n'a rien à voir avec l'imagination chimérique ; c'est un instrument de travail, voilà tout. — Parfois encore, il m'a semblé que vous mettiez en cause la nature du raisonnement mathématique. Ce raisonnement a toujours inquiété le philosophe, parce qu'il unit la nécessité propre au syllogisme (la conclusion est contenue dans les prémisses) à la fécondité de l'induction (la conclusion dépasse les prémisses) qui implique un certain hasard, un certain risque — dirons-nous un certain désordre ? Tant qu'on n'a pas énuméré, par induction complète, l'ensemble des planètes qui parcourent une trajectoire elliptique, comment savoir si une nouvelle planète entrera ou n'entrera pas dans l'ensemble ? Cela évoque — de très loin, il est vrai — vos sous-ensembles flous. Restons-en aux mathématiques classiques. Elles ordonnent des systèmes. Ce qu'on ne peut mathématiser reste à part. Ainsi, au XVIIIe siècle, personne ne mettait en doute le système céleste de Newton, mais, selon Buffon lui-même, pourtant introducteur du calcul des fluentes en France, le règne des mathématiques finissait au seuil du Jardin des plantes. Buffon a fait des descriptions admirables de cristaux ; il y manque l'essentiel pour fonder la cristallographie : la mesure des angles. La mesure découvre l'ordre, avec Romé de Lisle. En revanche, comment déduirait-on les uns des autres les articles de l'Encyclopédie ? L'ordre alphabétique n'est qu'une commodité pour la mémoire.

Que de questions soulèverait encore votre exposé ! Ce que vous appelez « mesure de désordre » ne serait-il pas « mesure de différence » ? Et ceci : vous avez donné des exemples chiffrés de valuation : y a-t-il une distinction à faire entre valuation chiffrée et valuation mesurée ? Ceci enfin : les mathématiques peuvent passer pour une langue universelle ; si on l'admet, les langues vernaculaires, les langues poétiques n'en sont-elles que des désordres ? ou des sous-ensembles flous à valuation chiffrable ou mesurable ?

M. KAUFMANN. — Je crois bien que je n'aurai pas le temps de répondre à toutes ces questions. Je vais essayer de répondre à celles qui me paraissent les plus importantes. Et d'abord celle-ci : « Est-ce que le désordre est le contraire de l'ordre ? »

M. BELAVAL. — Permettez-moi de préciser ma question. Je veux dire que ordre et désordre sont limites l'un de l'autre, ou plutôt que l'ordre est une limite du désordre. Exactement comme on dit que le déterminisme est un cas limite de l'indéterminisme : la nécessité a un contraire, la contingence : mais le déterminisme n'a pas de contraire, pas plus que l'indéterminisme. Il en est de même pour l'ordre et le désordre.

M. KAUFMANN. — Je dirai alors que la notion d'ordre est une notion totalement subjective. Chaque être humain s'en donne une notion personnelle, et quand cette notion est acceptée par un groupe d'individus suffisamment grand, on passe d'une notion subjective à une notion objective. Il en est de même de toute la science. Et quand Monod écrit, dans son livre remarquable, que le but de la science est la connaissance objective, je suis frappé par cette phrase, mais je lui objecte le fait que la science est simplement une construction de modèles, une certaine structuration qui est acceptée d'abord par un individu, puis par un groupe, et qui revient ensuite du groupe vers l'individu ; mais la notion de science objective est une notion qui ne peut pas être concrétisée. C'est, à mon avis, une notion purement abstraite. La science, ce n'est pas autre chose que des structures et des configurations que nous nous sommes données et que nous avons acceptées. Elle devient *objective* à partir du moment où il y a un groupe suffisamment grand qui l'accepte.

À partir de cela, que pouvons-nous appeler désordre ? Eh bien, nous dirons que l'ordre est un référentiel que nous nous donnons et que nous acceptons ; quand nous nous en écartons, nous introduisons, implicitement ou explicitement, un certain désordre. Ceci est fait par notre travail de l'esprit, mais aussi par nos sens. Quand nous percevons le monde extérieur, nous sommes obligés de nous ramener à un référentiel. N'oubliez pas que, quand vous percevez, il y a un phénomène préalable de transmission qui a pu se faire de façon héréditaire (par notre codage ADN) ou par l'éducation (on apprend à reconnaître). Nous avons ensuite un certain nombre de référentiels, qui se groupent en familles de référentiels, et c'est à partir de cela que nous reconnaissons et que nous faisons des comparaisons. Quand nous sommes très loin de ces référentiels, nous ressentons la sensation de désordre. De là l'idée d'évaluer le désordre directement à l'aide d'une notion de mesure. Mais il reste bien entendu que l'objet lui-même, le désordre, n'est pas quelque chose de mesurable de façon universelle comme on le fait avec les probabilités. C'est pourquoi je vous disais ce matin que des mesures de désordre, il y en a à l'infini ; simplement, dans certains cas, ces mesures de désordre sont mieux adaptées que d'autres. À tel point que les auteurs ont maintenant trouvé des mesures d'entropie (au sens non probabiliste) par centaines. Il suffit de les paramétrer pour en trouver une infinité. C'est donc une notion absolument relative.

M. Moutote. — N'est-ce pas là ce qui différencie les enquêtes d'opinion ?

M. Kaufmann. — Oui, cela intervient dans ce genre de travaux. Il y a actuellement des écoles de pensée au sujet de la statistique dans le traitement de l'opinion, dans lesquelles on fait réellement intervenir cette subjectivité. On voudrait que cela soit objectif ; mais c'est faussement objectif. Il faut savoir que tout ceci est dépendant non seulement du référentiel, mais aussi du procédé de mesure employé.

M. Belaval. — En tant que philosophe, je me suis cassé les dents sur les deux mots que vous employez : *subjectif, objectif*. Je ne les comprends plus. Il y a une sorte de saint que vous devriez prier, qui a lutté toute sa vie contre le désordre, c'est un nommé Ludolph, de Cologne, qui a calculé les décimales de π. Il en est mort, vieux d'ailleurs, n'ayant fait que cela toute sa vie, à la 26e décimale. Sur sa tombe on a repris ces 26 décimales. Quand Leibniz vient après et trouve la série $\dfrac{\pi}{4}$, c'est magnifique, mais je ne vois pas où il y aurait plus d'objectivité : dans le désordre des décimales ou dans des décimales ordonnées. Je préférerais une notion de « non-ordre » plutôt que de « désordre ».

M. Kaufmann. — Il s'agit en fait d'une discussion sur le langage. Quand on emploie le mot *entropie*, on est critiqué parce qu'il a été utilisé par les physiciens dans un sens bien précis passant par la théorie des probabilités. Quand on utilise le mot *désordre*, on est soumis à d'autres critiques. Dans mes livres j'emploie à cause de cela un autre terme : *indice de flou*. Mais il y en a qui attaquent aussi cette expression. Il est de plus en plus difficile, dans tous les domaines des sciences, de trouver des mots du langage naturel qui n'aient pas encore été employés de façon particulière dans des disciplines différentes, et par cela même introduisent sémantiquement un détour de la pensée par rapport à ce qu'on veut expliquer. L'essentiel est de s'entendre sur ce dont on veut parler. La notion de désordre, sur laquelle nous avons discuté, c'est, si vous voulez, l'éloignement relatif par rapport au référentiel que l'on se donne, et dont on peut changer. Et même, qu'est-ce que la liberté ? Ce n'est pas autre chose que la possibilité de changer ces référentiels, de les adapter et de faire constamment un travail d'évaluation vis à vis de ces référentiels.

M. Belaval. — Je pense à ce que dit Poincaré, contre Bergson, au sujet des « sciences humaines » (c'est dans les *Dernières pensées*) : n'est scientifique que ce que l'on mesure ; le temps qualitatif de Bergson, la durée n'est pas une notion scientifique. La mesure change profondément l'objet étudié : le temps du chronomètre n'est pas le temps vécu. Donc, quand on mathématise les sciences humaines, on en change profondément l'objet : l'homme. On le mécanise. La seule science humaine subsistante pourrait être une « inscience » humaine : la psychanalyse. On n'y prend pas encore de mesures.

M. Kaufmann. — Ce matin, en parlant de valuation, je me suis permis d'attirer votre attention sur le fait qu'il y a beaucoup de phénomènes où, sans nous en rendre compte, nous utilisons ces phénomènes de positionnement par emboîtement. Mais je voudrais aussi ajouter que, quand on est intéressé par de tels mécanismes

164

d'emboîtement, on ne prend pas forcément comme échelle un ordre total comme celui qui positionne entre zéro et un. On peut prendre n'importe quel positionnement sur des structures. Par exemple, il y a encore quelques années, on pensait que pour pouvoir faire ce travail de valuation convenablement, il fallait se placer dans ce qu'on appelle en mathématiques des « treillis », c'est-à-dire dans des relations d'ordre dans lesquelles il y a toujours une borne supérieure et une borne inférieure quand on prend des éléments deux à deux. Maintenant, on en est arrivé à des « demi-treillis ». Récemment j'ai reçu un travail où l'on se préoccupait de ce qu'on appelle en mathématique « préordre », c'est-à-dire qu'il y avait simplement deux ou trois propriétés qui restaient. Ce qui veut dire que, dans nos mécanismes de pensée, il se passe des choses que nous ne pouvons que rarement (en ce qui concerne les sciences humaines) faire passer par la théorie de la mesure, que nous pouvons au contraire faire passer par la théorie de la valuation. Mais des théories de la valuation, il y en a des quantités. Le but de la recherche, dans ce domaine, consiste à cerner quelles sont celles qui sont utilisées naturellement par l'homme. Pourquoi cela ? Pour mieux mettre, d'abord, les hommes en communication les uns avec les autres, et puis aussi pour prendre soi-même une meilleure conscience de sa propre pensée. C'est là l'objectif. Certains diront : mais c'est celui de la psychanalyse ! Ce n'est plus de la mathématique ou de la science. Pour ma part, je ne ferai pas une frontière bien nette entre la mathématique et la psychanalyse.

J'ai dit aussi ce matin, dans une discussion, que, ayant publié plusieurs études sur cette notion de désordre et de mesure de désordre, j'ai reçu une lettre de professeurs de l'École de Vienne qui me disaient : ce que vous avez écrit nous a intéressés, mais vous ne faites aucune part à l'émotion. En effet, en y réfléchissant, je me suis aperçu que leur remarque était juste et, ayant eu l'occasion de faire à Louvain des expériences didactiques avec des élèves, j'ai essayé d'introduire, dans des programmes d'éducation basés sur l'alternance d'ordre et de désordre pour pouvoir faciliter l'acquisition de connaissances, des expériences sur l'émotion. Et j'ai constaté, en les faisant, qu'il y avait deux types d'émotion : une émotion structurante, et une autre — est-ce que je dois dire complémentaire ou opposée ? — déstructurante. Vous voyez que ces notions-là, sur lesquelles peut réfléchir le mathématicien, sont connues déjà naturellement dans les sciences humaines. Simplement, ce que le mathématicien veut apporter dans cette recherche, c'est une mise en accord de la mathématique avec ce que l'on constate dans la connaissance de l'homme par ce que j'appellerai les méthodes naturelles de recherche — les autres étant des méthodes déjà programmées, puisque la mathématique, c'est au fond de la pensée naturelle programmée. Nous nous rejoignons donc sur ce point-là. Simplement, si maintenant les mathématiciens s'intéressent beaucoup à la valuation, ayant cru au début que c'était trivial, c'est parce qu'ils s'aperçoivent que c'est au contraire extrêmement riche. C'est la base même de la configuration de tout ce que nous pouvons utiliser comme mécanismes du langage.

M. Valéry. — Vous avez parlé ce matin du langage comme d'un semi-groupe. Est-ce qu'on pourrait imaginer que, par exemple, la poésie soit un « semi-semi-groupe » ?

M. Kaufmann. — Beaucoup de gens font en ce moment des recherches approfondies pour trouver les structures qui sont implicitement contenues dans la poésie. Je n'ai pas travaillé dans ce domaine, mais le fait que vous m'en parliez attire ma curiosité.

M. Valéry. — Je voudrais vous poser une deuxième question : N'y a-t-il pas perméabilité entre ces notions de sous-ensembles flous et de valuation, qui m'intéressent beaucoup, et les études actuelles sur les systèmes — en supposant que je définisse le système comme un ensemble d'éléments matériels ou abstraits qui réagissent entre eux et éventuellement avec le milieu extérieur, y compris le système constitué par l'observateur et l'objet qu'il observe.

M. Kaufmann. — Je viens de remettre à Mme Laurenti une liste bibliographique de 700 titres, qu'on pourra vous communiquer. Sur ces 700 titres de publications faites en 10 ans (ce qui vous donne une idée du travail qui se fait à ce sujet dans tous les pays du monde), vous en trouverez presque la moitié qui concernent les systèmes. Je vous dirai aussi que dans un mois va sortir une revue scientifique internationale, qui s'appelle *Fuzzy Sets and Systems* (Publish North Holland). Car au fond, cette théorie a été développée par Zadeh qui est, dans le domaine de la théorie des systèmes, l'une des plus hautes personnalités mondiales. On va à Berkeley pour étudier les systèmes chez Zadeh un peu comme on va à La Mecque. C'est le lieu où l'on a le plus réfléchi sur les systèmes avancés. On s'est intéressé à cette notion de désordre à propos des systèmes parce que d'autres penseurs, passant par une voie autre que la voie mathématique, s'étaient séparés des mathématiciens en disant : nous ne pouvons pas, avec vos mathématiques formelles, étudier des systèmes aussi complexes que les systèmes biologiques, que les systèmes inter-relationnels concernant des hommes, voire des animaux sociaux. Beaucoup de choses se sont maintenant améliorées à ce sujet-là.

M. LANTIÉRI. — En ce qui concerne les recherches sur la structure de la poésie, dont vous parliez tout à l'heure, il existe certes beaucoup d'études, mais on peut trouver un élément de réponse à mon avis assez pertinent dans l'ouvrage de Granger, *Essai sur une philosophie du style*. Il y développe sa théorie des trois sémiologies, et il montre, en se plaçant seulement dans une perspective structurale et non pas esthétique, que le langage poétique dépend de la superposition de trois types de codes et que cette superposition introduit un certain nombre de distorsions : par exemple une distorsion sémantique, ou une distorsion syntaxique, ou encore une distorsion phonique, puisque ce sont là les trois codes en question. Finalement, c'est de la super-position de ces trois types de distorsions que dépend l'élaboration de la structuration poétique en tant que telle. Il y a là toute une série de déterminations très précises qu'il a apportées à l'élaboration de sa théorie de la structuration du langage poétique. Je voudrais faire aussi une remarque rapide en ce qui concerne votre critique de la phrase de Monod. Je crois qu'il aurait résisté encore à votre argumen-tation. Il n'aurait pas été d'accord avec vous sur l'élimination que vous avez voulu introduire de la consistance de l'objectif dans la science. Finalement, bien qu'il ne le cite pas, l'inspiration de Monod me semble, sur ce point, coïncider très étroitement, sur le plan des structures objectives mises en valeur par les sciences, avec la pensée d'un néo-positiviste qui est Karl Popper.

Mme ROBINSON. — J'ai demandé ce matin à M. Kaufmann s'il y a à son avis un lien causal entre le fait que quelques-uns des premiers travaux mathématiques sur la notion du « flou » aient été faits par des Chinois et l'existence chez eux de certaines traditions intellec-tuelles très différentes des nôtres, fondées d'une part sur leur langage (dont la syntaxe est beaucoup moins rigoureusement structurée que celle des langues indo-européennes), sur leur écriture (dans laquelle le contenu conceptuel reste subordonné à l'aspect visuel, avec tout l'élément indéterminé et subjectif que cela comporte), et sur leur mode d'expression, par exemple dans la poésie et dans la peinture (où le but de l'artiste semble depuis toujours être moins de dire explicitement ce qu'il éprouve ou de représenter avec précision ce qu'il voit que d'évoquer un certain « domaine » de l'émotion ou de l'imagination, domaine aux contours indécis à l'intérieur duquel chaque lecteur et chaque spectateur est invité à délimiter, en quelque sorte, l' « espace » de sa propre interprétation). J'ai trouvé sa réponse fort intéressante et j'aimerais qu'il vous la répète.

M. KAUFMANN. — En effet, au cours de deux voyages que j'ai effectués en Chine populaire, j'ai eu l'occasion de discuter avec un certain nombre de scientifiques chinois. Ils avaient des travaux en cours en plus grand nombre encore que les autres, puisque j'avais moi-même, à ce moment-là, trois ou quatre cents documents sur la question et qu'ils avaient, eux, une liste de mille documents environ. Ils connaissaient aussi très bien les nôtres et les avaient exploités. Je ne leur apportais donc que peu de nouveautés. Une académicienne chinoise, qui devait avoir une quinzaine d'années de plus que moi, faisait des remarques très intéressantes au cours de mon exposé, et m'a dit à un moment donné : « Voyez-vous, Monsieur, en Chine nous connaissons ces théories, avec des symbolismes différents, des méthodes et peut-être des mécanismes autres, mais nous les connaissons depuis 2500 ou peut-être 3 000 ans. Parce que notre façon de prendre en compte les phénomènes, notre langage, notre écriture, notre façon de communiquer, vous êtes en train de les retrouver. »

Mme LAURENTI. — Voilà un prolongement moderne du *Yalou* !

M. KAUFMANN. — Ils ont fait beaucoup de choses de ces théories. Ils en ont fait surtout, je crois, un instrument pour leur communication, pour la poésie, et ils ne les ont pas utilisées dans un but exclusivement scientifique. En ce moment, ces idées de « flou », ce nouvel aspect des mathématiques, ce passage à quelque chose de plus général, ne s'est pas imposé de lui-même. Il est venu à l'occasion, principalement, d'explications sur les systèmes. Des chercheurs ont voulu réfléchir sur la façon dont en biologie fonctionne un système. D'autres ont voulu réfléchir sur les systèmes sociaux, d'autres sur les systèmes de communication. Et c'est par cette voie, pour donner de meilleures explications à la théorie de la communication (la théorie de l'information ayant enfanté une théorie de la communication), que s'est imposée cette théorie du « flou ».

M. MANDIN. — Il n'y a qu'une chose qui est gênante, c'est le mot *flou*.

M. Kaufmann. — Oui, bien sûr. Mais c'est tout aussi gênant en anglais avec le mot *fuzzy*. Il y a ainsi beaucoup de mots qui sont gênants, dans le vocabulaire scientifique : même le mot *entropie*, si l'on veut l'examiner de près...

M. Décaudin. — Je vois encore beaucoup de questions qui pourraient être envisagées. En particulier celle que M. Belaval a posée à plusieurs reprises, qui est celle de l'esprit. Nous pourrions peut-être y revenir. J'ai relevé aussi la conjonction, dans quelques communications, de la relation de la pensée avec la subjectivité : tout ce que nous avons dit de l'esprit en général, certains nous ont rappelé que cela se rapportait au Moi de Valéry. Il y a peut-être là un ensemble de problèmes. Je vois également le problème des limites du pouvoir de l'esprit abordé par Mme Celeyrette, et qui est extrêmement intéressant. À plusieurs reprises est revenue aussi la question des relations entre Valéry et la littérature contemporaine : je pense à Jarry, par exemple, et aux formes actuelles de notre littérature, comme le nouveau roman. Pour ma part, j'ajouterai que j'ai été frappé par la singulière absence, en fin de compte, de la poésie de Valéry dans nos discussions. Voilà, à mon sens, un certain nombre de suggestions, parmi lesquelles je vous laisse l'initiative du choix.

Mme Celeyrette-Pietri. — M. Lantiéri a parlé tout à l'heure de la poésie en tant qu'ontologie du corps : c'est une idée sur laquelle j'aimerais qu'il apporte quelques précisions.

M. Lantiéri. — Je faisais référence à l'*Essai sur une philosophie du style* de Granger, professeur à l'Université de Provence. L'un des problèmes qui l'intéressent me paraît éminemment valéryen : comment peut-on rendre intelligible l'individuel ? Parmi les individualités constituées, que l'homme peut essayer de comprendre, il y a le poème. Cette individualité, il essaie d'en rendre compte à partir de la superposition de ces trois codes auxquels j'ai fait allusion (sémantique, syntaxique et phonique) avec les structures qu'ils introduisent et en même temps dans la rencontre contrariante de ces structures, dans ce phénomène de distorsion que chacun d'eux impose aux autres structures : par exemple, la distorsion syntaxique apportée par un certain ordre sémantique ou un certain ordre phonétique, et vice versa. Bien sûr, rien ne laisse prévoir quel est l'ordre des distorsions qu'il faut introduire pour que le poème soit réussi. C'est là le problème, et il est très valéryen : on ne peut pas, en quelque sorte, programmer à l'avance une utilisation déterminée

169

des trois types de codes, pour dire : voilà comment il faut s'y prendre pour faire un beau poème.

M. DÉCAUDIN. — Quand j'ai soulevé la question de la poésie, je ne pensais pas à parler de la poésie en général ; je voulais souligner que, dans ce problème du pouvoir de l'esprit, l'œuvre poétique a toujours été entre parenthèses, comme si elle n'était pas concernée. Nous donnons, n'est-ce pas, un élément de solution, dans la mesure où nous avons parlé de généralité, ou même d'absolu ; mais le poème nous renvoie à l'individuel.

Mme CELEYRETTE-PIETRI. — Ne pourrait-on pas préciser la définition de l'esprit à laquelle on se réfère, avant d'examiner le poème en tant qu'exercice du pouvoir de l'esprit ?

M. CHAUSSERIE-LAPRÉE. — Puisque vous souhaitez qu'on parle de la poésie de Valéry en relation avec ce problème du pouvoir de l'esprit, je prendrai appui sur une remarque faite tout à l'heure par M. Moutote, qui, comparant la poésie de Valéry à celle de Racine, concluait à une sorte de supériorité de Valéry en ce sens qu'on perçoit toute une « symphonie » sous les vers de *La Jeune Parque*. Je souscris tout à fait à cette affirmation, mais je crois qu'il faut en accepter toutes les implications. On ne peut pas dire à la fois qu'il y a toute une symphonie dans les vers de *La Jeune Parque* et que les constructions mises en place par Valéry ne sont pas un des éléments constitutifs du plaisir qu'on prend à lire le poème. Je crois que les deux affirmations sont liées. C'est-à-dire que, même s'il est tout à fait normal qu'il y ait en nous un certain refus, un certain recul par rapport à une telle conception de la poésie, on est obligé d'accepter, dès l'instant qu'il y a cette symphonie, donc ces constructions, que le plaisir que nous prenons à lire le poème soit aussi dû, à notre insu, à l'existence de ces constructions. Et par conséquent, le premier devoir du critique, s'il veut parler avec cohérence de la poésie de Valéry, est de voir comment l'œuvre est écrite. Sinon, on s'exprime seulement par métaphore.

M. LANTIÉRI. — Je crois que vous avez raison. Finalement, dans un poème, il y a, bien sûr, une structuration phonique, qui pourrait dans une certaine mesure — je dis simplement dans une certaine mesure, parce que le problème est beaucoup plus complexe — être réduite à une structure musicale. On pourrait avoir envie de dire que, dans un poème, ce qui relève des sons se réduit finalement au musical. Encore que les tempo de la création poétique ne soient peut-être pas exactement les tempo de la création musicale. Il faut tout reprendre dans cette perspective-là. Seulement, ce qui se passe dans un poème, c'est que l'organisation phonique n'abolit jamais l'élément purement sémantique contenu dans celle-ci et cette non abolition s'accompagne malgré tout de la non abolition de l'élément syntaxique, même lorsque les structures syntaxiques sont bouleversées et violées. Je dirai même que c'est le viol des structures syntaxiques qui rappelle leur existence, et, dans une certaine mesure, et dans un certain nombre de cas, leur détermination et même leur surdétermination. Il y a alors, et cela varie de poème en poème, un jeu de superpositions de l'intervention des trois codes, et c'est en quelque sorte du type de superposition de ces trois codes que naît l'individualité du poème et que naît, à partir de cette individualité, le plaisir parfaitement typé que nous prenons à le lire. Plaisir qui, bien entendu, peut s'accompagner de toute une série de résonances dues au système des connotations que le poème fait naître.

M. MOUTOTE. — Cela a quand même un rapport avec la sensibilité. C'est un domaine où les recherches sont encore très peu développées, sauf, je crois, celle de Jacques Beauverd. Il essaie de mettre en lumière les structures proprement musicales à l'intérieur des poèmes et indépendemment du sens, structures qui sont des sortes de communications absolument allusives en rapport avec notre sensibilité.

M. LANTIÉRI. — Bien sûr. Et je vous renverrai à ce que j'appelais les prolégomènes à cette ontologie du corps ; parce que pour moi cela renvoie à une indifférenciation, dans la vie propre du corps, de rythmes qui sont vécus par le poète, disons dans une espèce d'acte préparatoire qui passe par toute une série de structures encore inconscientes, et qui n'arrivent à la prise de conscience que lorsque le travail est pratiquement déjà élaboré. C'est précisément la grandeur de Valéry, que d'avoir montré, grâce à un certain nombre de ses analyses, comment s'est élaboré chez lui ce travail préparatoire de rythmes et de schèmes inviscérés dans son propre corps avant qu'il ne parvienne à la prise de conscience et finalement aux analyses purement intellectuelles dont il a fait quelquefois un usage très remarquable.

Mme CELEYRETTE-PIETRI. — On sait que Valéry analyse chez d'autres, Mallarmé ou Hugo par exemple, le travail qui accorde le fonctionnement du vivant (phonation/audition, respiration, perception, etc.) et le langage poétique. Je rappelle pour mémoire les articles de M. Gauthier et R. Fromilhague sur le vers de « *La Fin de Satan* » :

« *L'ombre est noire toujours même tombant des cygnes.* » Réduit à son squelette consonantique dans les brouillons de *La Jeune Parque*, commenté dans les *Cahiers*, ce vers paraît à Valéry un chef d'œuvre harmonique, la réalisation d'une relation parfaite entre forme et sens, aussi bien qu'entre poésie et exigences de la sensibilité. Le seul Tout-Puissant est peut-être l'artiste qui crée en unissant l'esprit et le corps.

Mᵐᵉ LAURENTI. — Ce processus de création dont parlait M. Lantiéri n'est pas propre uniquement à la création poétique. Il me paraît être aussi le fait de la création musicale, qui, si elle est d'apparence essentiellement formelle, n'est jamais non plus vide de sens. Il y a autre chose avant la naissance des constructions formelles, qui se replace à l'intérieur de ces figures et les remplit. Sinon, la symphonie ne serait qu'un simple exercice d'école.

M. BASTET. — Ces structures formelles elles-mêmes apparaissent très souvent, au dire même de Valéry, comme une sorte de première explicitation d'une voix intérieure. Ce qu'il y a à l'origine de la poésie, c'est ce qu'il appelle la *voix*, et cela est très profondément physiologique. C'est ce que Mᵐᵉ Celeyrette disait ce matin en parlant de la fascination par un timbre particulier de voix, par exemple le timbre de contralto. J'ajoute que *La Jeune Parque* a été composée avec un modèle musical en tête, le récitatif de Gluck : c'est un certain type de respiration, une certaine tonalité, un certain timbre, une certaine vibration de la voix. Et je crois que très souvent chez Valéry il y a à l'origine cette sorte de vibration interne, qui n'est pas d'ordre uniquement sonore, mais qui exprime l'ensemble du registre de la sensibilité, et qui tend à trouver, en quelque sorte, une expression, une explicitation. Il lui arrive de dire que quelquefois il lui est venu ainsi des espèces de schémas musicaux qu'il a éprouvé le besoin de remplir avec des mots n'existant pas, avec des mots créés de toutes pièces ; et il procédait ensuite à tout un travail d'adaptation de ces mots pour leur donner la figure de mots existant dans la langue. Mais il préexistait à cette figure reconnaissable des mots une sorte de figure en soi, rythmique et phonique, qui ensuite, par tâtonnements successifs, finissait pas apparaître comme une phrase intelligible.

M. CHAUSSERIE-LAPRÉE. — Permettez-moi de répondre à ces divers propos. Je dirai d'abord à M. Lantiéri que je pense comme lui quand il dit que le niveau phonique n'est qu'un des niveaux du poème. Je suis donc tout à fait d'accord aussi avec l'analyse de Granger. Mais je pense que c'est là une définition *générale* de l'écriture poétique, c'est-à-dire que tel poème particulier, tout en participant de cette loi générale définie par Granger, peut avoir son jeu propre qui complique les règles ainsi définies. L'accumulation de fiches que j'ai sur Valéry me permet de dire, sans que ce soit du tout métaphorique, que ce qui fait l'originalité de *La Jeune Parque* du point de vue de la composition poétique, c'est ceci : Valéry a tenu le pari de superposer aux agencements syntaxiques immédiatement perceptibles une autre structure qu'il appelait des « constructions de paroles », ces constructions étant, en général, tout à fait indépendantes de la syntaxe. Il y a ainsi deux jeux : un jeu de la syntaxe, qui est celui de la parole commune, et l'autre jeu que j'appellerai, faute de mot plus précis, musical-architectural, — tout en sachant combien ces termes sont impropres.

D'autre part, pour aller dans le sens de Mᵐᵉ Celeyrette, qui a rappelé que pour Valéry les consonnes étaient fondamentales, vous savez qu'à ce sujet justement il parle dans un texte précis des consonnes qui dessinent la figure du mot. Il est très facile de montrer, dans *La Jeune Parque* par exemple, que tel vers ou tel hémistiche est la reprise quasi complète du schéma consonantique de tel autre (ainsi, au vers 374, « *de sa propre mémoire* » reproduit « *au suprême murmure* » du vers 369) ; ce qui crée de l'un à l'autre un écho extrêmement subtil, qui se fait sur une modulation vocalique. Quant au vers de Victor Hugo, je le trouve paradoxalement très beau plus encore pour des raisons sémantiques que pour des raisons phoniques. C'est un des cas tout à fait essentiels où il y a dans le vers ce jeu de noir et blanc (« noire »/« cygne »), d'ombre et de lumière, qui est absolument fondamental chez Valéry. Ce thème est reconnu depuis longtemps chez lui. Mais ce qui est intéressant, c'est qu'il en joue à l'intérieur de schémas extrêmement précis. Et je crois que c'est parce qu'il retrouve l'un d'entre eux (« ombre » dès le début du vers, « cygnes » à la fin) qu'il a été séduit par cet alexandrin. Il en est un autre qu'il aimait beaucoup, et il en cite dans les *Cahiers* le premier hémistiche à propos de *La Jeune Parque* : « *Le jour n'est pas plus pur...* ». C'est un vers admirable, mais qui devait lui plaire, celui-ci, plus encore pour des raisons phoniques que sémantiques. (Voir sur ce point mon « Architecture phonique du vers » dans I.L., 25, 1973, p. 176, n. 39).

M. KAUFMANN. — Je voudrais faire une simple remarque. J'ai constaté que, si l'on compare les manifestations de l'esprit constituées par la poésie, ou la musique, il y a là pour tous les êtres humains une recherche de liberté. Je me suis posé la question en comparant nos créations avec celles des Chinois, dont nous parlions tout à l'heure. Ils ont une combinatoire poétique fabuleusement plus riche que la nôtre, mais par contre une combinatoire musicale beaucoup moins riche. Faut-il penser que toutes leurs possibilités combinatoires sont passées dans l'art poétique au détriment de l'art musical, alors qu'on voit le contraire dans d'autres civilisations ? De là l'idée qu'il y a peut-être dans les possibilités combinatoires de l'homme, des limites, et qu'il les concentre, dans sa civilisation, sur certaines manifestations de son esprit.

M. LANTIÉRI. — Je crois, pour ma part, que, si j'avais à travailler sur ce problème, je m'engagerais dans deux sortes de recherches. D'abord le problème de la structure de la langue chinoise. Nous pensons toujours, en composant ou en lisant des poèmes, à l'intérieur de structures linguistiques d'origine indo-européenne, auxquelles les langues d'Extrême-Orient, ou celles des Indiens d'Amérique du Nord ou d'Amérique du Sud, échappent en grande partie. Ils n'ont donc pas, évidemment, en ce qui concerne les structures logiques, les ressources que *notre* logique a eues pendant longtemps et conserve, au niveau des agrégations de mots. Ils ont un type de distribution des rapports entre les mots tout différent des nôtres. C'est ce sur quoi insiste justement un anthropologue comme Benjamin Lee Whorf, lorsqu'il étudie la structure sémantique de la langue des Indiens d'Amérique pour la comparer avec celle des langues indo-européennes.

Le deuxième problème concerne la musique. La musique occidentale s'est essentiellement orientée vers la composition d'agrégats sonores et non pas vers le travail à l'intérieur de la note elle-même. L'oriental a fait autre chose. Ce n'est pas la « composition », à la fois verticale et horizontale, qui l'a intéressé, mais c'est un travail sur la note, dont il a essayé de décomposer les éléments, de les analyser et d'en faire varier d'une manière indéfinie les combinaisons. On a ainsi des types d'organisation acoustique différents. Les thèses sur ce point sont extrêmement variées, enfermées dans de très gros ouvrages sur les fondements de la musique dans la conscience humaine. Ernest Ansermet a soutenu qu'il y avait une unité structurale de ?lle humaine qui rendait possibles certains agrégats sonores ?ndait d'autres impossibles, non seulement sur le plan de mais même sur le plan expérimental. C'est pour cela qu'il a rejeté le dodécaphonisme et la musique sérielle. Mais c'est là une autre question.

Mᵐᵉ CELEYRETTE-PIETRI. — Pour en revenir à Valéry, il me semble qu'on est loin d'avoir élucidé le problème de la relation entre le pouvoir de l'esprit et la poésie, et même que la question n'a pas encore été franchement posée.

M. CHAUSSERIE-LAPRÉE. — J'y ai personnellement réfléchi et me suis donné une réponse qui est évidemment partielle, car la poésie est chose infiniment complexe. Si Valéry parle si souvent de la poésie comme exercice et fabrication, c'est précisément parce qu'il l'a conçue — chacun le sait — comme un moyen d'exercer son intellect. J'ai cherché en quoi, dans sa forme la plus haute, *La Jeune Parque* et, à un degré moindre, « *Le Cimetière marin* », elle pouvait manifester cette ambition. Or, je me suis persuadé que, pour Valéry, la poésie est le lieu privilégié de ce langage absolu dont il rêvait. Je ne vous citerai qu'un exemple après lui, en prose : c'est *La Modification* de Michel Butor, qui a essayé de construire entièrement un roman à partir de règles très simples. Eh bien, de même pour Valéry la poésie a été l'occasion de se donner des règles du jeu extrêmement simples, mais extrêmement contraignantes, qui, par ces deux aspects de simplicité et de contrainte, lui permettaient d'aller aussi loin que possible dans la mise en œuvre de tous ses pouvoirs, et, par voie de conséquence, aussi loin que possible dans l'efficacité du produit fini sur le lecteur.

Mᵐᵉ CELEYRETTE-PIETRI. — Ce que vous venez de dire s'applique parfaitement à certains textes de prose comme « Agathe ». Mais la notion de *langage absolu* désigne chez Valéry le langage de la « représentation », c'est-à-dire une notation aussi exacte que possible qui établirait, comme la mathématique mais avec les mots ordinaires, une communication sans entropie. Il se situe au niveau du *connaître*, alors que la poésie, pour reprendre la distinction de *L'Ange*, joue dans le *comprendre*. Il s'agit dans les deux cas du pouvoir de dire et de communiquer, mais là dans l'ordre de la pensée, ici dans celui de la vie. L'homme asservi au langage envie ceux qui disposent d'un élément pur, comme l'algébriste et le musicien. Le modèle qui hante le poète et figure secrètement la perfection du pouvoir, c'est Wagner, « le plus grand homme possible », disent les *Cahiers*. Car la musique wagnérienne met en jeu volontairement toutes les connexions, parle à l'intelligence et fait battre le cœur, agit aussi sur l'être organique, crée par l'esprit une communication de vivant à vivant. C'est la connexion totale φ/ψ réalisée par l'art. S'il y a une solution au problème de l'adéquation des signes et du réel, sur lequel bute le poète, elle tient dans quelques mesures de la musique de Wagner.

M. Bastet. — Il y a, en effet, une immense frustration de Valéry vis à vis de Wagner. « *La musique m'aura manqué* [dira-t-il] — *et il me semble que j'aurais fait quelque chose avec ce moyen — — Mon « Système » trouvait là son.. moyen. ...* [§] *Il a fallu faire des acrobaties comme la Parque.* [§] *En poésie — surtout française — la composition est une impossibilité —* » (*C*, XVI, 18).

Mᵐᵉ Laurenti. — Permettez-moi de lire quelques lignes de Valéry qui correspondent assez, je crois, aux problèmes posés par chacun de vous. Il s'agit des « études » pour « Ovide chez les Scythes » dont j'ai déjà parlé. Ces pages me paraissent d'autant plus intéressantes que Valéry, cherchant à présenter, sous le personnage d'Ovide, le poème en train de se faire (« *Le sujet vrai de ce poème est précisément son propre mode de formation* », écrit-il dans ces notes), et tout plein de sa récente aventure poétique, revit en quelque sorte son propre travail de poète composant *La Jeune Parque* (la référence est explicite en plusieurs endroits) et cherche à l'analyser. Il écrit ceci, en particulier : « *La pensée de ce poëte. Mobilité — Méprises merveilleuses — chances — Nuits obscures — Zeus. la pensée « créatrice » —* [§] *Ce qui est et qui n'exprime pas — peut, représenté, et pris dans un nouvel ordre — servir à exprimer un autre Être — non représentable.* » (La notion de « représentation », telle qu'elle est envisagée ici me paraît très intéressante). Et Valéry poursuit : « *Le lieu des grands échanges — où tout s'échange — La Sensation de l'ensemble résonateur —* [§] *L'arbre humain siège de la circulation* » (Dans la marge, l'ébauche d'un croquis de la circulation du sang).

Une autre définition de la poésie vient en conclusion d'une note sur « l'inspiration » présentée comme « l'objet » du poème : « *Le but du Poëte est de rendre fonctionnel et obéissant ce qui est en soi exceptionnel, improbable, très rare et de rendre suivi et enchaîné ce qui est de soi disséminé ; mais en conservant l'impression* extérieure *d'anormalement possible.* » Voilà un bel exercice du pouvoir de l'esprit ! Mais voici sa limite (ceci pour M. Chausserie-Laprée...) : « *La gloire et noblesse du poète est en ceci : qu'il n'est jamais certain d'arriver à un résultat ; qu'il est certain, s'il y arrive, que ce résultat ne sera pas celui qu'il prévoyait.* [§] *Il s'expose à s'étonner de lui-même. En bien et en mal. En d'autres mots* le résultat dépend de lui-même en tant qu'il s'ignore ». Et Valéry, pour conclure, nous ramène à la « voix », et à ce que M. Lantiéri appelait une superposition de codes : « *C'est la " psychologie " du poëte — prise dans toute l'étendue qui entre telle* note *de la voix demi-réelle — et l'émotion ou désir acuité — attente, — ouïe, — intervalle dans lequel* doivent *se* présenter *les idées. Et dans lequel, — syntaxe, dictionnaire, images, c.à.d. dictionnaire second — compris, — s'organise, répond l'être entier à l'impression partielle, toujours partielle — jusqu'à l'émission libératrice et juste — (si elle est possible).* » Je crois que Valéry nous répond ici, et que cette analyse de ce qu'il appelle la « psychologie » du poète — en prenant bien soin de mettre le mot entre guillemets — est un véritable retour sur sa propre expérience.

Mme CELEYRETTE-PIETRI. — Sans aucun doute. Mais le terme de *représentation* n'a pas le même sens que lorsqu'il s'agit du « langage absolu ». La « représentation absolue » substitue une « équation » à un objet. Ici, au contraire, il faut recréer un autre objet qui suscite les mêmes valeurs émotives que le vivant. Et certes, *poésie absolue* comme *langage absolu* sont les *limites* qu'on n'atteint jamais, que l'on pressent seulement. Le désir de l'esprit, sinon son pouvoir, est de parvenir au plus près d'une expression idéale.

Mme ROBINSON. — Je serais fort déçue, pour ma part, si ce débat se terminait sur l'idée que pour Valéry le sommet de l'expression du pouvoir de l'esprit est la poésie. Dieu sait combien j'admire la poésie de Valéry — là n'est pas la question. Je reconnais volontiers aussi que pour lui la poésie était une sorte de lieu de rencontre privilégié de plusieurs aspects du pouvoir de l'esprit : de ses virtualités intellectuelles, de ses virtualités sensibles, de sa capacité d'entrer à certains moments dans un rapport particulièrement intime et profond avec la vie du corps et de créer ainsi une musique, une résonance de tout l'être. Le processus de composition de la poésie était également pour lui une façon de réfléchir à travers sa propre expérience vécue au pouvoir de l'esprit et aux limites de ce pouvoir — limites que ne cessait de lui rappeler sa lutte constante contre les difficultés formelles et les exigences linguistiques qu'il s'était lui-même imposées, contre la nécessité, par exemple, de faire entrer dans un certain « moule » préétabli le maximum de richesse sémantique, le maximum de variété et en même temps d'unité phonique, le maximum de musicalité, etc., sans qu'aucun élément de l'ensemble soit sacrifié aux autres. Vouloir écrire en se servant de l'alexandrin un poème dont les thèmes sont aussi abstraits et aussi complexes que ceux de *La Jeune Parque*, et vouloir lui donner *en plus* une ligne de chant aussi pure que celle de Gluck et une complexité harmonique aussi grande que celle de Wagner, c'est comme quelqu'un qui se fixerait une barrière très haute et qui s'exercerait ensuite à sauter par-dessus cette barrière pour retrouver au-delà une liberté supérieure, une « légèreté » suprême, comme le dirait l'écuyer Baucher. C'est en somme vouloir se prouver à soi-même jusqu'où, jusqu'à quelles limites extrêmes peut aller le pouvoir de son propre esprit.

Mais tout cela étant dit, je crois que ce serait une grande erreur d'oublier ce que Valéry a répété si souvent dans les *Cahiers*, et qui est admirablement résumé par le passage suivant : « *Plusieurs critiques se sont demandé si j'étais un " grand poète ", un " grand écrivain ".* [§] *Mais ils ne se sont pas demandé si j'avais eu le désir, l'intention de l'être — ce qui les eût conduits à se demander si je désirais même d'être un poète tout court ou un écrivain —* [§] *En somme si la litt[érature] était mon objet — principal.* [§] *Ils ont jugé selon la probabilité. Leur erreur est naturelle.* [§] *Mais je ne suis ce que je parais être que par circonstance.* » (*C*, X, 785).

Cela ne signifie évidemment pas que Valéry ne se soit pas intéressé de la façon la plus vive à la poésie. Cela signifie tout simplement que pour lui il s'agissait de resituer la poésie, et la littérature et l'art en général, dans le contexte infiniment plus vaste des innombrables manifestations de ce que peut concevoir et produire ce merveilleux instrument si flexible, si multiple qu'est l'esprit humain. C'est pour cela que je n'accepte pas l'idée, que pourrait nous dicter une certaine déformation professionnelle, que la seule réussite de Valéry ait été son œuvre poétique, et que toutes ses autres entreprises intellectuelles — dans le domaine scientifique, dans le domaine philosophique, etc. — aient été plus ou moins des échecs, n'ayant pas abouti à je ne sais quelle découverte définitive. Pour Valéry, il s'agissait moins de trouver que de chercher, en se servant tour à tour des « manières de voir », des « points de vue » les plus divers, et en refusant systématiquement de laisser sa pensée s'enfermer dans quelque domaine spécialisé que ce fût.

Mme CELEYRETTE-PIETRI. — Nous sommes tous d'accord sur ce point. Mais enfin aux yeux de Valéry le pouvoir n'existe que dans l'exercice, et la poésie vaut l'algèbre. L'*Esprit* est le grand Perroquet, et l'esprit d'un homme, Teste, se satisfait de dire : « *Je suis chez*

Moi, je parle ma langue. » Son champ stratégique n'est pas le progrès scientifique, mais l'univers des signes et des formes, et le Mon-Corps. Les personnages incarnant le pouvoir sont des Philosophes-Artistes, tels Léonard, Descartes ou Goethe. J'irai jusqu'à dire que la méditation du pouvoir conduit non certes à *Charmes* et au plaisir d'écrire, mais au Carmen, au Verbe, à la magie orphique d'ébranler l'Être par la lyre, ou à l'acte divin d'unir parfaitement une forme et une matière.

Mme LAURENTI. — Peut-être s'est-on tourné tout à l'heure vers les problèmes de la composition poétique pour fuir la généralité, et retrouver à travers eux l'individu Valéry. J'avoue que c'est ce piège que je souhaitais éviter quand j'ai proposé le thème de ce séminaire, prenant soin de mettre le mot « pouvoir » au singulier. Mais je crois qu'il n'était pas mauvais, tout de même, d'aborder l'aspect pratique, et, si j'ose dire, pluriel du problème : ce qui nous ramène fatalement au « poëte » que Valéry a été, et qu'il est encore pour la majorité de ses lecteurs. Ceci en prenant évidemment grand soin de replacer cette activité poétique dans une ambition beaucoup plus générale, celle dont témoignent d'un bout à l'autre les *Cahiers*. Ambition dont il est tout à fait impossible, je le pense aussi, de taxer les manifestations de succès ou d'échec, car elle était, selon ce « juste orgueil » que Valéry attribue à son Ovide, parfaitement étrangère à ces notions.

M. DÉCAUDIN. — Nous voilà arrivés à un apparent accord ; peut-être est-ce l'occasion d'arrêter ce débat, avant qu'il ne prenne une vigueur nouvelle. Le caractère animé de la discussion, la diversité des points de vue, la passion que chacun a apportée à l'analyse du projet valéryen, tout cela n'est-il pas à l'unisson de cette « mystique » incluse dans l'effort même de Valéry, de cette continuité, affirmée par toute une vie de recherche et de réflexion, du désir de cerner au mieux et de célébrer, par l'étude méthodique autant que par le poème créateur, le pouvoir universel de l'esprit ?

après une éclipse plus longue que nous ne l'avions prévue

---

les carnets bibliographiques de la revue des lettres modernes

---

présentés désormais sous la forme de fascicules indépendants, publient à l'intention des abonnés (souscription générale à la RLM ou souscriptions sélectives aux Séries) des données bibliographiques de base dont la saisie est mémorisée sur disque magnétique et qui, revues et complétées, constitueront peu à peu la matière plus élaborée de volumes à paraître dans la collection « Calepins de bibliographie ».

Série Paul Valéry, premier fascicule sous presse

TABLE

IмPRIMERIE F. PAILLART, Abbeville (D. 5525). — Dépôt légal : 2ᵉ trimestre 1983
Imprimé en France.

LA REVUE DES LETTRES MODERNES

fut à l'origine (1954) un périodique consacré à l' « histoire des idées et des littératures»
sous la direction de Michel J. MINARD.
Actuellement, cette collection se déploie principalement en un ensemble de
monographies constituées de volumes indépendants répartis dans les Séries :

Mais, de façon complémentaire, et par un retour aux sources de la *RLM*, les Séries de
l'icosathèque (20th)
— publication indépendante de 1974 à 1980 —
poursuivent l'exploration critique du xxᵉ siècle :

l'avant-siècle (les temps de la genèse : 1870–1914). Dir. L. FORESTIER
le plein-siècle (d'un après-guerre à l'autre). Dir. M. DÉCAUDIN
le siècle éclaté (dada, surréalisme et avant-gardes). Dir. M. A. CAWS
au jour le siècle (vers une nouvelle littérature). Dir. B. T. FITCH
l'intersiècle (interférences et relations littéraires). Dir. P. BRUNEL

●

*Les projets d'études relevant de ces domaines peuvent être proposés aux Directeurs
de collection. — Les manuscrits non sollicités ne seront retournés que s'ils sont accom-
pagnés de timbres pour leur réexpédition. — Les opinions émises n'engagent que les
auteurs. — Dans toute correspondance joindre un timbre ou un coupon international
pour la réponse.*

Publié avec le concours du Centre National des Lettres

Éditions LETTRES MODERNES
73, rue du Cardinal-Lemoine, 75005 PARIS
CCP PARIS 10671-19 T

LA REVUE DES LETTRES MODERNES

=== TARIFS ===

SOUSCRIPTION GÉNÉRALE à toutes les Séries existantes et à paraître
(chaque livraison comporte un nombre variable de pages donc de numéros)

50 numéros **à paraître** : FRANCE - ÉTRANGER : **780** F
(tarif valable de janvier à décembre 1983)

les souscriptions ne sont pas annuelles et ne finissent pas à date fixe

SOUSCRIPTIONS SÉLECTIVES :

Sans prendre une souscription générale, il est possible de s'inscrire pour une souscription sélective à l'une des Séries afin d'être informé en temps voulu de la publication de chaque nouvelle livraison et de pouvoir bénéficier du prix de faveur valable
avant parution.

●

cette livraison de la collection
LA REVUE DES LETTRES MODERNES
ISSN 0035-2136
a été servie aux souscripteurs abonnés
au titre des numéros 659-663

Série Paul Valéry

ISSN 0180-9466

PAUL VALÉRY 4
le pouvoir de l'esprit
textes réunis et présentés par Huguette LAURENTI
1983

ISBN 2-256-90161-0 (03/83)
MINARD 075 F (03/83)